Larry Tomczak

Bereit sein für Gottes Gelegenheiten

Leuchter-Verlag eG · Erzhausen

Titel der Originalausgabe: DIVINE APPOINTMENTS

Übersetzung: Karl Schanz
Umschlaggestaltung: Frank Decker, Langen

1. Auflage November 1989

ISBN 3-87482-144-7

Gesamtherstellung: Schönbach-Druck GmbH, 6106 Erzhausen

INHALTSVERZEICHNIS

Teil IV
Gottes Bestimmung für uns:
Durch Gebet in Seiner Gegenwart leben

Teil V
Unsere göttliche Bestimmung:
Zur Belebung der Gemeinde beizutragen,
damit die Welt erreicht werden kann

WIDMUNG

Dieses Buch ist meiner 74jährigen Mutter Sophie gewidmet, die mir bis zum heutigen Tag immer wieder eine große Hilfe ist, so daß ich wiederum anderen helfen kann. Ohne ihre Liebe und ihr Beispiel wäre ich nicht das, was ich jetzt bin.

Als mein Vater vor kurzem starb, gab der Herr eine göttliche Gelegenheit. Meine Mutter benötigte in dieser traurigen Zeit meinen Beistand. Sie wiederum wußte, daß ich ein Buch schreiben wollte und ein stilles Zimmer brauchte.

Da legte ihr Gott aufs Herz, mir das oben gelegene Schlafzimmer zur Benutzung anzubieten. Das war wirklich das Gegebene: Hier konnte ich ungestört an meinem Buch arbeiten und war ständig anwesend, um mich um meine Mutter kümmern zu können.

So wurden wir in dieser traurigen Zeit durch Gottes Gegenwart und die Gegenwart des anderen getröstet.

Aus dem, was wir heute in Liebe tun,
entwickeln sich die Situationen,
denen wir morgen gegenüberstehen.

VORWORT

Einer der reichsten und erfolgreichsten Geschäftsleute Amerikas wurde in einem Interview gefragt, was das Geheimnis seines Erfolges gewesen sei. Er antwortete: „Manche kommen zu etwas, indem sie eine Erbschaft machen. Andere, indem sie die Konkurrenz ausschalten. Aber bei mir war es einfach so, daß ich stets zur richtigen Zeit am richtigen Platz war."

Für uns Christen geht es natürlich nicht darum, daß wir irdische Reichtümer anhäufen, sondern daß wir für Gott brauchbar sind und beim Bau Seines Reiches mithelfen. Und da können auch wir zur richtigen Zeit am richtigen Platz sein, wenn wir uns vom Heiligen Geist leiten lassen. Ähnlich wie das Gehirn die Funktionen des Körpers steuert, kann uns der Heilige Geist steuern, wenn wir in der Hingabe an den Herrn Jesus leben.

Dieses Buch möchte uns zeigen, wie wir brauchbare Werkzeuge Gottes werden, wenn wir uns vom Heiligen Geist führen lassen. Larry Tomczak schreibt nicht nur in einer packenden Art darüber, sondern er hat diese Wahrheit auch in der Praxis erfahren. Er läßt den Leser miterleben, wie er auf die Impulse des Heiligen Geistes einging und so Gottes Werkzeug sein durfte. Er war Gottes Bote in vielen Situationen und der Herr wirkte durch ihn.

Das soll doch auch unser Ziel sein: zu Gottes Ehre leben und jeden Tag brauchbar sein für Ihn!

Jamie Buckingham
Palm Bay, Florida

Teil I

Zielsetzungen Gottes in deinem Leben

„Ich kannte dich,
ehe Ich dich im Mutterleibe bereitete, und sonderte dich aus,
ehe du von der Mutter geboren wurdest,
und bestellte dich zum Propheten für die Völker“
(Jeremia 1,5).

1. Kapitel

Warum ich hier bin

„Wenn mich die Kugel ins Herz trifft, ist alles vorbei", dachte ich.

Es war Freitagnacht. Vor wenigen Minuten befand ich mich noch auf einer belebten Straße im Universitätsviertel und wollte zum Abfahrtstreffpunkt für eine christliche Freizeit gelangen. Da mein Auto in der Werkstatt war, versuchte ich, per Anhalter dorthin zu kommen. Aber diesmal wurde es nicht eitel Freude!

Ich war schon manchmal per Anhalter gefahren und hatte bisher keine Probleme gehabt. Ja, einmal war es mir zum großen Segen geworden, als ein älterer Pastor mich bei starkem Regen mitnahm und mich dann einlud, seine Gemeinde zu besuchen. Dort hörte ich zum erstenmal, daß man Jesus Christus als persönlichen Herrn und Heiland in sein Leben aufnehmen konnte, und das tat ich dann auch. Das war in meinem letzten Jahr auf der Universität. Und nun, nur wenige Wochen später, war ich auf dem Weg zu einer Freizeit, wo ich mehr darüber hören würde, was zur Nachfolge Jesu alles nötig war.

Ich war guter Zuversicht, daß mich bald jemand mitnehmen würde. Und so war es auch: Ein Auto hielt an, die Tür öffnete sich leicht, und eine Stimme aus dem Inneren fragte: „He, Kumpel, wo willst du hin?"

„Euclid Avenue Nr. 130!"

„Steig ein!"

Drei Männer saßen im Auto. Sie schienen Mitte Zwanzig zu sein und sahen ziemlich robust aus.

„Danke, daß ihr angehalten habt und mich mitnehmt!"

Keine Antwort. Der Bursche neben mir rauchte. Er hatte sein Gesicht von mir abgewandt und spielte nervös mit den Fingern.

Auch die Gesichter der beiden vorn Sitzenden konnte ich nicht erkennen. Sie rauchten Zigaretten und schauten geradeaus. Der Rücksitz war gefüllt mit leeren Dosen und anderem Kram. Das Auto roch nach Zigaretten, Pommes frites und Alkohol.

„Es ist ziemlich kühl heute abend, nicht wahr?“ sagte ich.

Wieder keine Antwort.

Wenn es hier so nach Alkohol roch, hatten die wahrscheinlich zusammengesessen und einen gehoben. „Hoffentlich kommt es nicht zu einem Unfall“, dachte ich.

Plötzlich bog der Fahrer in eine dunkle Seitenstraße ein und gab Gas. Wir fuhren auf einer engen, ärmlichen Straße. Man sah verwahrloste Gebäude, aufgegebene Lagerhäuser und freies, mit Unkraut überwachsenes Gelände. Wir waren in einer Gegend, die man den „Distrikt“ nannte, wo Drogenhändler ihre Geschäfte abwickelten und immer wieder Morde auf offener Straße geschahen.

„Entschuldigung“, wandte ich ein, „ich sagte Euclid Avenue, das geht doch gerade aus!“

„Werde nur nicht nervös“, rief mir der Fahrer zu. „Wir kommen schon noch hin!“

Mein Herz klopfte, und Schweiß trat mir auf Stirn und Hände. Ich konnte nicht aus dem Auto springen, denn es waren nur Vordertüren vorhanden. Ich überlegte, ob ich schreien sollte, aber es schien mir nicht ratsam. Wer würde schon in dieser Gegend auf Schreie achten? Wir fuhren durch verschiedene Straßen. „Herr, hilf mir“, betete ich still.

Am Ende einer dunklen Straße hielt das Auto schließlich. Kein Mensch war zu sehen. Der Fahrer stellte den Motor ab. Dann drückte mir einer der jungen Männer plötzlich eine Pistole an die Schläfe.

„Jesus, Jesus! Im Namen Jesu, laßt mich gehen“, flüsterte ich.

„Mach, daß du aus dem Auto steigst!“

„Im Namen Jesu, bitte . . . “

Sie nahmen mir meine Tasche weg. Der Bursche neben mir fluchte und stieß mich aus dem Auto. Ich war wie gelähmt, als sie mich ausplünderten und mir auch die Brieftasche wegnahmen. Es war nichts Ungewöhnliches, daß in dieser Gegend Menschen beraubt und dann ermordet wurden. Nun würde es mir auch so gehen, dachte ich.

„Lauf auf diesen Zaun zu“, befahl mir der Fahrer und fummelte mit der Pistole. „Und dreh dich nicht um!“

„Jetzt werden sie mich von hinten erschießen", dachte ich. Sie werden mich umbringen, denn ich habe ihre Gesichter gesehen und kann sie identifizieren.

Zum Zaun waren es etwa 15 Meter. Dazwischen lag ein Parkplatz, der mit Unrat übersät war. „Das ist vielleicht das Letzte, was ich zu sehen bekomme. Dabei hätte ich doch noch so viel für Jesus tun können", dachte ich, als ich auf den Zaun zustolperte. Dort angekommen, wartete ich auf den Schuß. Was für ein letztes Gefühl würde das sein?

Aber anstatt eines Schusses hörte ich plötzlich, wie das Auto gestartet wurde. Ich wagte nicht, mich umzublicken. Reifen quietschten. Wollten sie mich totfahren, statt mich zu erschießen? Ich sah in Gedanken die Zeitungsüberschrift: „Unbekannter Mann erlag seinen Verletzungen!"

Nachdem sich das Motorengeräusch aber entfernte, wurde mir klar, daß sie weggefahren waren. In der nächtlichen Stille hörte ich nur noch die Grillen und ein entferntes Martinshorn eines Krankenwagens. Mein Herz schlug stürmisch, und ich zitterte am ganzen Leib, als ich auf meine Knie ging und Gott dankte. Sie hatten mich verschont. Mein Leben war mir erhalten geblieben!

Diese Wendung der Dinge war nichts anderes als ein Wunder. Ich erkannte, daß Gott andere Pläne für mein Leben und eine besondere Bestimmung für mich hatte, die ich noch ausfüllen sollte.

Vielleicht hast du auch schon etwas Ähnliches erlebt: Du bist vor einem Unglück verschont geblieben, und du spürtest, daß Gott dich besonders beschützt hat. Du hattest den Eindruck, daß Gott bestimmte Zukunftspläne mit dir hat und über dir wachte.

So zu denken ist keine Einbildung. Die Bibel sagt dir, daß Gott dich ins Leben rief und dich erwählt hat. Er will dir bestimmte Aufgaben zuweisen: „Nicht du hast Mich erwählt, sondern Ich habe dich erwählt und BESTIMMT, daß du hingehst und Frucht bringst" (nach Johannes 15,16).

Du hast einen besonderen Auftrag von deinem Schöpfer, eine göttliche Bestimmung, die niemand anders ausfüllen kann. Gott hat einen speziell auf dich zugeschnittenen Plan.

Gott möchte unser Leben gebrauchen, um in die Welt hineinzuwirken. Er arrangiert Umstände — viele tun dies nur als Zufall ab —, durch die wir unsere einzigartige Bestimmung ausfüllen können. Ein Wachsein für die von Gott bestimmten Augenblicke und ein aktives Daraufeingehen auf sie macht den Unterschied zwischen einem oberflächlichen, fruchtlosen und einem tiefgehenden, fruchtbaren Christenleben.

In der Bibel gibt es einen Saul und einen Saulus. Letzterer ist der spätere Paulus. Die Aussagen der Bibel über diese beiden großen Gestalten lassen uns eine wichtige Wahrheit erkennen:

„Denn ich werde schon geopfert und die Zeit meines Hinscheidens ist gekommen. Ich habe den guten Kampf gekämpft, ich habe den Lauf vollendet, ich habe Glauben gehalten; hinfort liegt für mich die Krone der Gerechtigkeit bereit, die mir der Herr, der gerechte Richter, an jenem Tage geben wird" (2. Timotheus 4,6-8).

„Siehe, ich habe töricht und sehr unrecht getan" (1. Samuel 26,21).

Das eine ist die sieghafte Feststellung eines Mannes, der seine Lebensbestimmung erfüllt hat. Das andere die Klage eines geschlagenen Mannes, der diese Bestimmung nicht erfüllte.

Gott hat einen einzigartigen Plan für jeden von uns. Psalm 138,8 erklärt: *„Du wirst die Werke Deiner Hände nicht aufgeben"* (Elberf. Fußnote). Diese Wahrheit zu erkennen und täglich auf Gott einzugehen, bedeutet Frucht zu bringen und in Erfüllung und innerem Frieden zu leben.

Anstatt unser Leben in Dinge zu investieren, die unbedeutend sind und vergehen, und statt ständig rückschauend zu klagen, was hätte sein können, sollten wir uns darauf konzentrieren, die göttliche Bestimmung zu erkennen und sie auszuleben.

Ergreift es dich nicht, wenn du darüber nachdenkst, daß Gott dich schon vor Grundlegung der Welt dazu bestimmt hat, in dieser besonderen Zeit der Geschichte zu leben und deinen speziellen Beitrag zum Bau des Reiches Gottes zu leisten? Das Wort an Esther lautete: *„Und wer weiß, ob du nicht gerade für einen Zeitpunkt wie diesen zur Königswürde gelangt bist?"* Auch wir haben zu einer bestimmten Zeit einen bestimmten Auftrag.

Vor etlichen Jahren sang Diana Ross ein Lied, in dem Grundfragen aller Generationen angesprochen wurden:

„Weißt du, wo du hingehst?
Was bedeuten dir die Dinge des Lebens?
Wo gehst du hin?
Weißt du es?"

Viele haben keine Antwort auf die Sinnfragen des Lebens: Warum bin ich hier? Was ist Sinn und Zweck meines Lebens? Welche Absicht steht dahinter?

Da sind Stimmen, die uns weismachen wollen, daß wir ein biologisches Zufallsprodukt sind und nun einfach hier existieren. Aber die Wahrheit ist, daß Gott uns geschaffen hat, daß Er einen Plan für unser persönliches Leben und auch für Sein Volk hat.

Gott gab Jeremias Bestimmung mit folgenden Worten bekannt: „*Ehe Ich dich im Mutterschoß bildete, habe Ich dich erkannt, und ehe du aus dem Mutterleib hervorkamst, habe Ich dich geheiligt zum Propheten für die Nationen*" (Jeremia 1,5).

Wir sind nicht alle dazu berufen, Propheten zu sein, aber wir alle haben eine persönliche Berufung, eine uns gestellte Lebensaufgabe. Jesus sagte es so: „*Wie bei einem Menschen, der über Land zog und verließ sein Haus und gab seinen Knechten Vollmacht, einem jeden seine Arbeit*" (Markus 13,34).

Ich glaube, daß jeder Mann und jede Frau einen bestimmten Auftrag hat. Gott hat eine Bestimmung in jedes Leben hineingelegt, die von Ewigkeit her gesetzt ist. Und ich glaube auch, daß Gott einen Plan für Sein Volk inmitten unserer Generation hat.

„Wenn du das Beste aus deinem Leben machen möchtest", sagt Arthur Wallis, „mußt du erkennen, was Gott in unserer Generation tun möchte und innewerden, was dabei dein Auftrag ist und dich da einbringen."

Wenn uns mehr und mehr aufgeht, daß Gott schon Seine Hände auf uns gelegt hat, bevor wir geboren waren, erkennen wir immer mehr, daß Dinge, die sich „rein zufällig" ergaben, in Wirklichkeit ihren Ursprung in Gott hatten und in Gottes Plan für unser Leben paßten. Gott ordnet bestimmte Ereignise an, damit wir unsere besondere Berufung erfüllen können.

Oswald Sanders schreibt: „Viele von uns haben nach einer Reihe von Jahren den Eindruck, daß sie nun endlich zur Erfüllung der Absichten Gottes in ihrem Leben kommen, während es in Wirklichkeit nur der Höhepunkt eines Werdegangs ist, der vor unserer Geburt begann." Wie wahr! Gott möge uns helfen, Seine aufsichtführende Vorsorge und Führung, die Er in unserem persönlichen Leben verwirklicht, zu erkennen.

Unser Leben gleicht einer vorbereiteten, tiefgefrorenen Pakkung, die nun im Mikrowellenherd des Lebens aufgetaut wird. Bitte, verstehe das Beispiel recht, damit soll keinesfalls einem fatalistischen Schicksalsglauben das Wort geredet werden, sondern du sollst dadurch verstehen, daß das, was geschieht, nicht einfach Zufall ist, sondern von Gottes Hand vorbereitet wurde und Seine Fügung und Führung darstellt.

Frederick Meyer, der ein Buch über das Leben des Apostels Paulus schrieb, drückte es so aus: „Gottes voraussehende Planung bestimmt unser Leben. Sein unendlich weises und liebendes Wesen fügt es so, daß uns alle Dinge zum Besten dienen. Im Rückblick auf unser Leben werden wir sehen, daß in allen vorangegangenen Ereignissen und Vorkommnissen Bedeutung lag und daß sie notwendig waren — ausgenommen jene, die das Ergebnis unserer eigenen Torheit und Sünde waren; aber selbst diese müssen zum guten Endresultat beitragen."

Meyer führt aus, daß Gott aber nicht für alle Lebensnöte und alles Elend verantwortlich ist. Vieles ist einfach das Ergebnis des Nichtbeachtens oder Übergehens Seiner Weisungen. Und doch: Wie viele wichtige Lebenserfahrungen, auch die schweren und bitteren, sind uns von Gott bestimmt. Der Apostel Paulus sagt: „. . . damit nicht jemand wankend würde in diesen Bedrängnissen. Denn ihr wißt selbst, daß uns das bestimmt ist" (1. Thessalonicher 3,3).

Auch bei Hiob sehen wir, daß Gott Satan Erlaubnis gibt, ihn zu plagen und ihm Leid zuzufügen. *„Siehe, alles, was er hat, sei in deiner Hand"* (Hiob 1,12). Hiobs Elend war eine göttliche Zulassung.

Aber merke: Hiobs Qualen und seine schwere Prüfung stellen nicht sein ganzes Leben dar. Nach einigen Monaten fanden sie ein Ende, und dann heilte Gott seinen Leib, gab ihm eine neue Familie und doppelt soviel Besitz wie vorher. Er lebte dann weitere 140 Jahre. Hiob erkannte zum Schluß, daß seine Betrübnis von Gott für eine bemessene Prüfungszeit bestimmt war. Aus seinen Erfahrungen heraus konnte er dann anderen in ihren Nöten dienen.

Manche von uns sehen in jeder Möglichkeit eine Schwierigkeit, anstatt in jeder Schwierigkeit eine Möglichkeit zu sehen. Du sollst in jeden Tag in dem tiefen Vertrauen hineingehen, daß dein lieber himmlischer Vater die Angelegenheiten deines Lebens ordnet und arrangiert, um dich Ihm ähnlicher zu machen und dich dazu zu gebrauchen, Seine Absichten in dieser Zeit zu verwirklichen.

„Wir wissen aber, daß denen, die Gott lieben, alle Dinge zum

Besten dienen, denen, die nach Seinem Ratschluß berufen sind. Denn die Er ausersehen hat, die hat Er auch vorherbestimmt, daß sie gleich sein sollten dem Bild Seines Sohnes, damit dieser der Erstgeborene sei unter vielen Brüdern" (Römer 8,28-29).

Hast du dich schon mit dem Gedanken vertraut gemacht, daß Gott bereits, bevor du das Licht der Welt erblicktest, alle Ereignisse deines Lebens in ein Buch geschrieben hat?

„Deine Augen sahen mich, als ich noch nicht bereitet war, und alle Tage waren in Dein Buch geschrieben, die noch werden sollten und von denen keiner da war. Aber wie schwer (oder: wie kostbar) sind für mich, Gott, Deine Gedanken. Wie ist ihre Summe so groß" (Psalm 139,16-17).

Auch die Gelegenheiten, bei denen wir Gutes tun konnten, hat der Vater im Himmel uns arrangiert: *„Denn wir sind Sein Werk, geschaffen in Christus Jesus zu guten Werken, die Gott zuvor bereitet hat, daß wir darin wandeln sollen"* (Epheser 2,10).

Stell dir vor: Gott hat bereits gute Werke für uns geplant und strategisch auf unserem Lebenspfad plaziert. Wir brauchen nicht umständlich zu suchen. Er bringt sie zu uns (oder besser gesagt: Er bringt uns zu ihnen). Wir müssen nur achtsam sein und darauf eingehen.

Anstatt jedem Tag hoffnunglos entgegenzusehen, können wir guten Mutes und vertrauensvoll voranschreiten: Das ist der Tag, den der Herr für mich gemacht hat. Ich will mich freuen und fröhlich sein (nach Psalm 118,24).

Auch wenn wir mit Schwierigkeiten zu tun haben, brauchen wir nicht zu verzagen: *„Die Güte des Herrn ist's, daß wir nicht gar aus sind. Seine Barmherzigkeit hat noch kein Ende, sondern sie ist alle Morgen neu und Seine Treue ist groß"* (Klagelieder 3,22-23).

Wir können zuversichtlich beten: „Herr, hilf mir, mich daran zu erinnern, daß mir nichts geschehen kann, was ich nicht mit Deiner Hilfe bewältigen könnte. Durch Deine Gnade und Kraft kann ich überwinden. Durch die Kraft Deines Geistes darf ich Sieger sein, auch wenn Hindernisse auftauchen. Größer ist der, der in mir ist, als der, der in der Welt ist" (nach 1. Johannes 5,4; 4,4).

Immer wieder wächst eine neue Generation heran, und immer wieder gibt es Menschen, die ihre göttliche Bestimmung erkennen und darauf eingehen. Das möchte Gott: eine Generation kompromißloser, tapferer Christen, die in großer Hingabe Seine

Absichten in unseren Tagen verwirklichen helfen. Gott möchte sich eine Truppe formen, die in einer heiligen Entschlossenheit für Ihn lebt und Sein Werk vorantreibt.

Gott möchte nicht, daß wir niedergeschlagen und apathisch durch unsere Tage gehen, sondern daß wir uns unter die Not stellen und Sein Reich bauen helfen. Er möchte, daß wir unsere Berufung ergreifen — wir, die wir von Christus ergriffen sind (nach Philipper 3,12). Es wäre tragisch, wenn wir uns so verhielten, als könnten wir nichts für Ihn tun und meinten, daß das, was Gott durch uns verwirklichen möchte, über unsere Fähigkeiten hinausginge.

Hetty Green ist ein ernüchterndes Beispiel. Sie war Multimillionärin. Aber als sie 1916 mit einem Vermögen von über 100 Millionen Dollar starb, war sie als Amerikas größter Geizhals bekannt. Neben verschiedenen anderen Überspanntheiten wurde bekannt, daß sie kalten Haferbrei aß, nur um die Kosten für das Aufwärmen zu sparen. Ihrem Sohn mußte schließlich das Bein abgenommen werden, weil sie vergeblich nach einer kostenlosen Behandlung gesucht hatte. Sie trug auch selbst zu ihrem vorzeitigen Tod bei, als sie über den Nutzen des Magermilchpulvers argumentierte und dabei einen Schlaganfall erlitt.

Ist das nicht das Bild vieler Christen? Sie sind mit reichlichen Mitteln gesegnet und verhalten sich doch so, als könnten sie nichts für das Reich Gottes beitragen.

Mein Gebet ist es, daß die Leser dieses Buches sich neu der Vorbereitung, Führung, Versorgung und des Schutzes Gottes bewußt werden und zu Seinen brauchbaren Werkzeugen in unserer Zeit werden.

Wagst du es, an Gottes allumfassende Fürsorge und Sein Eingreifen in die Angelegenheiten deines Lebens zu glauben? Auch inmitten von Versuchungen und Heimsuchungen? Glaube es, daß Gott dich auch da hindurchtragen wird: *„Verlaß dich auf den Herrn von ganzem Herzen, und verlaß dich nicht auf deinen Verstand, sondern gedenke an Ihn in allen deinen Wegen, so wird Er dich recht führen“* (Sprüche 3,5 und 6).

Wir wollen in dem ständigen, tiefen Vertrauen leben, das in Philipper 1,6 ausgedrückt wird: *„Ich bin darin guter Zuversicht, daß der in euch angefangen hat das gute Werk, der wird es auch vollenden bis an den Tag Christi Jesu.“*

Willst du fest in deiner Bestimmung leben, die Situationen

erkennen, die Gott für dich arrangiert hat, auf sie eingehen und zu Gottes Ehre tätig werden?

Willst du, wie David, die Absichten Gottes in deiner Generation erfüllen? Möchte doch in vielen Christen das Verlangen wachsen, ihr Leben vermehrt in der Kraft des Heiligen Geistes und in heiligem Wandel zu führen und möchte es ihnen ein großes Anliegen werden, daß die Gemeinde im neutestamentlichen Sinn aufgebaut wird und viele Menschen für Christus gewonnen werden.

2. Kapitel

Mehr als Sieger

Meine Frau und ich gingen mit unseren vier Kindern zum Abendessen in eine nahegelegene Pizzeria, die auch einen Raum mit Video-Spielen hatte. Eines dieser Spiele faszinierte meinen sechsjährigen Sohn Justin besonders. Auf einer Fläche waren sechs Löcher eingelassen. Aus irgendeinem dieser Löcher kam nun immer wieder ein Murmeltierkopf aus Holz zum Vorschein, den man mit einem Schlagholz treffen sollte. Justin war ganz hingerissen. Gespannt starrte er auf die Spielfläche — bereit für den Augenblick, wenn wieder ein Kopf erscheinen würde und er ihn zurück ins Loch befördern konnte.

Ich habe den Eindruck, daß es manchem gerade so wie diesem Holz-Murmeltier geht: Er versucht immer wieder hochzukommen, sieghaft zu wandeln, seine Bestimmung zu erfüllen, und dann bekommt er eins auf den Kopf. Eine innere Stimme sagt ihm: „Du bist und bleibst ein Versager und taugst zu nichts. Du wirst es nie schaffen!"

Woher kommt diese innere Stimme? Vielleicht stammt sie aus der Vergangenheit: Die Eltern oder ein Lehrer haber immer etwas an dir auszusetzen gehabt. Du hast viele Niederlagen einstecken müssen, und du glaubst nun selbst, daß du nichts taugst. Aber höre: Gott kann dich gebrauchen. Satan will dir einflüstern, daß bei dir Hopfen und Malz verloren ist. Höre nicht auf ihn. Höre, was Gott dir sagen will:

„. . . zu schaffen den Trauernden zu Zion, daß ihnen Schmuck statt Asche, Freudenöl statt Trauerkleid, Lobgesang statt eines betrübten Geistes gegeben werden, daß sie genannt werden Bäume der Gerechtigkeit, Pflanzung des Herrn, Ihm zum Preise" (Jesaja 61,3).

Woher auch immer unsere negative, ängstliche Haltung kommen mag, Gott möchte, daß wir davon loskommen. Deine Niedergeschlagenheit gleicht dem Trauern zu Zion. Aber Gott will deinen Trauergesang in einen Lobgesang verwandeln. Er gibt dir Schönheit statt Asche. Er macht uns würdig, gibt uns Identität und Sicherheit. Wir sind Seine Pflanzung. Er gibt uns einen definitiven Lebenssinn und klare Lebensausrichtung. Unsere Verantwortung ist es, Ihm zu vertrauen und uns selbst zu Seinem Dienst hinzugeben.

Natürlich ist Gott nicht blind bezüglich unserer Schwachheiten, Mißerfolge und Begrenzungen: *„Denn Er weiß, was für ein Gebilde wir sind. Er gedenkt daran, daß wir Staub sind"* (Psalm 103,14). Gott wußte sehr wohl, mit wem Er sich einließ, als du zu Ihm kamst. Aber Gott kann selbst durch schwache, gewöhnliche Menschen außergewöhnliche Dinge vollbringen, das sehen wir in der Bibel. In der Kraft Seines Geistes wachsen sie über sich hinaus — in dem Maße, wie sie sich Ihm hingeben.

Als das Volk Israel vor der Aufgabe stand, das verheißene Land einzunehmen, zogen zwölf Kundschafter aus, um Näheres herauszufinden. Zwei von ihnen, nämlich Josua und Kaleb, kamen zurück und waren voll Glaubens und der Bereitschaft, das Land einzunehmen:

„Es war herrlich. Milch und Honig! Und Trauben so groß! Gewiß, da sind feindliche Soldaten und befestigte Städte, aber mit Gottes Hilfe werden wir sie besiegen!"

Aber die restlichen Kundschafter wußten anderes zu erzählen: „Wir haben gegen die keine Chance. Sie sind viel stärker als wir. In diesem Land kann man nicht leben, es verschlingt seine Bewohner! Alle, die wir sahen, waren große Kerle. Wir kamen uns wie Heuschrecken vor" (nach 4. Mose 13,27-33).

Zwölf Männer erkundeten das Land. Alle sahen das gleiche Land — einschließlich der Riesen und der befestigten Städte. Aber Josua und Kaleb sahen sie aus Gottes Sicht, als Krieger, die durch die Kraft des Herrn Hindernisse ausräumen konnten. Sie waren Menschen „anderen Geistes".

Die Zehn aber sahen sich durch die Brillengläser ihrer eigenen Unzulänglichkeit: „Wir waren IN UNSEREN AUGEN wie Heuschrecken." Das Bild, das sie sich von sich selbst machten, ließ sie zurückschrecken vor der göttlichen Bestimmung.

Wie vielen von uns geht es ähnlich, wenn sie sich selbst und die Gemeinde betrachten! Sie sehen sich und die Gemeinde nicht mit den Augen des Glaubens, sondern mit der Suchbrille der Schwachheiten und Begrenzungen: „Schau mich an! Schau die Gemeinde an! Wir sind nicht gut genug. Wir schaffen das nicht. Es hat keinen Zweck!“

Das eigentliche Problem sind nicht einmal die Hindernisse, die uns von außen her in den Weg gestellt werden und auch nicht unsere menschlichen Schwächen und Unzulänglichkeiten, sondern unser Niederlagedenken und unser Mangel an Gottvertrauen. Wir zweifeln daran, daß Er durch uns als einzelne und auch als Gemeinde wirken und Sein Ziel erreichen kann. Wir geben Ihm keine Chance, sich als der Starke erweisen zu können (siehe 2. Chronik 16,9).

Auch ich hätte, menschlich gesprochen, viel Grund gehabt, mich als unfähig anzusehen: Meine Kindes- und Jugendzeit hätte viele Entschuldigungen hergegeben, das Leben hoffnunglos anzugehen und zu klagen. Mein Vater, der als Junge von Polen nach Amerika ausgewandert war, hatte keinen Schulabschluß und verlor eine Arbeitsstelle nach der anderen. Meine Mutter arbeitete als Putzfrau, um uns über Wasser zu halten, obwohl sie eine schmerzhafte Körperbehinderung hatte. Ein Auto hatten wir nicht. Die Eltern waren an die 40, als ihre Kinder geboren wurden. Welche Bestimmung kann schon einem Jungen solcher Herkunft übertragen sein!

Aber als ich Jesus mein Leben übergab, erkannte ich, daß ich mir keine selbstbestimmten Begrenzungen aufzuerlegen hatte in bezug auf das, was Gott mit mir tun konnte. Meine Sache war es nur, Ihm zu vertrauen, zu gehorchen, mich Seinem Ziel hinzugeben und Ihn Seinen Plan entfalten zu lassen.

Lange Zeit trug ich in meiner Brieftasche einen Zettel mit dem Spruch: „Die Welt hat noch zu wenig gesehen, was Gott mit und in und durch einen Menschen tun kann, dessen Leben ganz Ihm geweiht ist.“

In den darauffolgenden Jahren hatte ich das Vorrecht, durch die Vereinigten Staaten und rund um die Welt reisen zu können. Ich habe die Menschen aufgerufen, ihr Leben ganz Jesus Christus zu unterstellen, sich einer Gemeinde anzuschließen und die Absichten Gottes in dieser Zeit verwirklichen zu helfen.

Gott hat es so gemacht, daß ich Sein Werkzeug sein durfte, die Menschen besonders in bezug auf ihre göttliche Bestimmung und

Berufung aufzurütteln. Ich konnte in Fernsehprogrammen, auf Konferenzen und Universitäten sprechen; und auch durch die Herausgabe der Zeitschrift *People of Destiny* (Menschen mit Bestimmung) durfte ich mit dazu beitragen, daß viele Leute erreicht wurden.

Für das alles steht mir aber kein Lob zu. Es war nicht mein Verdienst, sondern alles war nur in Ihm und durch Ihn möglich. Ihm gebührt die Ehre! Ich wollte einfach dem Heiligen Israels keine Grenzen zuweisen (einer der großen Fehler der Erwählten Gottes). Was du auch immer an Begrenzungen aufgrund deiner Herkunft oder Erziehung hast und welchen Schwierigkeiten du auch gegenüberstehen magst: Du kannst doch von Gott gebraucht werden!

Natürlich ist nicht alles eitel Sonnenschein. Es ging in den Jahren auch durch viele Kämpfe. Ich hatte körperlich zu leiden: Jemand zog gegen mich vor Gericht, wobei es um mehrere Millionen Dollar ging (ich werde darauf noch eingehen). Noch viele andere Herausforderungen kamen auf mich zu, die ich hier nicht alle nennen kann.

Manchmal kam auch die Versuchung auf mich zu, alles hinzuschmeißen. Und doch: Seine Gnade hielt mich auf dem rechten Weg. Wenn ich Ihn anrief, gab Er mir Kraft, weiter vorwärts zu gehen.

Menschen wollen die Welt durch Macht, Intelligenz usw. verändern. Gottes Art ist es, durch scheinbar unbedeutende Personen Seine Vorhaben zu verwirklichen. Er nahm einen Hirtenjungen namens David, um den furchtverbreitenden Riesen Goliath zu schlagen. Er sandte Seinen Sohn, in einem Stall geboren, damit Er die Menschheit erlöste. Er scharte zwölf einfache, ungelehrte Männer um sich, um Sein Werk voranzutreiben:

„Seht doch, liebe Brüder, auf eure Berufung. Nicht viele Weise nach dem Fleisch, nicht viele Mächtige, nicht viele Angesehene sind berufen. Sondern was töricht ist vor der Welt, das hat Gott erwählt, damit Er die Weisen zuschanden mache. Und was schwach ist vor der Welt, das hat Gott erwählt, damit Er zuschanden mache, was stark ist. Und das Geringe vor der Welt und das Verachtete hat Gott erwählt, das, was nichts ist, damit Er zunichte mache, was etwas ist, damit sich kein Mensch vor Gott rühme" (1. Korinther 1,26-29).

In anderen Worten: Gott wählt in umgekehrter Reihenfolge! Er sagt: „Ich weiß, es gibt einige in Meinem Reich, die reich und mächtig erscheinen, aber nicht viele. Und manche, die mächtig erscheinen, kamen nicht auf diese Weise hinein. Und jene, die es bereits am Beginn waren, wie Mose und Paulus, die durchliefen einen Läuterungsprozeß, um den sie nur wenige beneiden.

Wenn du dich töricht, schwach, niedrig und verachtet fühlst, verzweifle nicht: Das, von dem du denkst, daß es dich disqualifiziert, ist in Wirklichkeit das, was dich in Gottes Augen qualifiziert.

Gott schaut nicht nach stolzen, selbstsicheren Meistern aus, die scheinbar alles perfekt beherrschen, sondern Ihm ist an Männern und Frauen gelegen, die willig sind, Ihm zu gehorchen und die ihr Vertrauen auf Ihn und Seine unbegrenzten Möglichkeiten setzen. Gott liebt es, Leute auszuwählen, die Reinfälle zu sein scheinen. Durch Seine Kraft sind sie aber brauchbar und fähig, die „Welt auf den Kopf" zu stellen.

Wir müssen davon loskommen, nur das zu sehen, was wir aus eigener Kraft tun können. Wir müssen sehen lernen, was Gott tun kann. Wir können Glaubenstaten vollbringen und für das Reich Gottes wirksam werden!

Die Gemeinde soll keine kraftlose, unfähige Clique sein, sondern die Freude der ganzen Welt werden (nach Psalm 48,2). Sie ist Gottes Instrument, mit der Er auf die Welt Einfluß nimmt.

Angst, Resignation, negatives Denken usw. sollen nicht dein Leben dominieren. Setze also deine Ziele nicht zu niedrig, damit du nicht deine göttliche Bestimmung verfehlst.

Du bist aufgerufen, Teil der endzeitlichen Bewegung zu werden, die sich nicht damit zufrieden gibt, sich in bedeutungslosen persönlichen Vergnügungen zu verzetteln. In dieser Zeit der Zuspitzung der menschlichen Geschichte gilt es aufzuwachen, denn uns und der Gemeinde kommt große Bedeutung zu.

Die Stunde ist gekommen, wo wir klar erkennen müssen, daß wir in einem geistlichen Kampf stehen. Da sind die Mächte der Finsternis, die uns immer wieder absprechen wollen, was wir und die Gemeinde in Christus sind und die uns glauben machen wollen, daß wir und die Gemeinde niemals das Ziel erreichen werden. Da gilt es aufzustehen, den entmutigenden Worten des Bösen entgegenzutreten und unbeirrt Gottes Bestimmung auszuleben. Wenn Gott der ist, der Er sagt, und wir die sind, wie Er sagt, dann können wir die Dinge tun, die Er sagt.

Ein siebzehnjähriges Mädchen erlitt einen schrecklichen Badeunfall, durch den sie vom Kopf abwärts gelähmt wurde. Aber sie legte ihr Leben in die Hände Gottes. Im Vertrauen auf Ihn war es ihr möglich, die anstürmenden Gedanken des Selbstmitleids, der Unbrauchbarkeit und Resignation abzuweisen.

In den Jahren nach ihrem Unfall hat Joni Eareckson-Tada Bücher geschrieben, die in etwa vierzig Sprachen veröffentlicht wurden. Es gibt Schallplatten von ihr und auch einen Film, der ihre Lebensgeschichte zeigt. Sie ist künstlerisch begabt, und ihre Gemälde und Zeichnungen nötigen auch Sachverständigen Respekt ab. Joni kann zwar ihre Arme und Beine nicht gebrauchen und wird trotzdem von Gott mächtig gebraucht.

Eine andere Frau erlitt in jungen Jahren eine Augeninfektion. Der Arzt verschrieb ihr ein falsches Medikament, wodurch sie das Augenlicht verlor. Aber anstatt aufzugeben, vertraute sie Gott, daß Er ihre vielen Begabungen benützen würde. Sie komponierte Lieder, die schließlich in der ganzen Welt bekannt wurden. Einige werden heute noch gesungen. Wenn du nächstens „O Gott, dir sei Ehre" oder „Seliges Wissen, Jesus ist mein" singst, dann denke an diese bemerkenswerte Frau: Fanny Crosby.

Ein Junge hatte Schwierigkeiten in der Schule und brauchte zwei Jahre, um das Klassenziel zu erreichen. Und auch dann nur auf Probe. In seiner Schulzeit wurde er insgesamt fünfmal nur auf Probe ins nächste Jahr übernommen. Auf der Höheren Schule, die er schließlich schaffte, wurde er von einem Freund auf den Wert des Auswendiglernens von Bibelversen aufmerksam gemacht. Das führte ihn in eine Jugendarbeit, die nun bekannt ist für Einsicht und Tiefe. Bill Gothard und sein *Institute in Basic Youth Conflicts* leisten einen wertvollen Dienst und sind international bekannt.

John Geddie ist ein weiterer Mann mit einer Überwinder-Haltung. Als Missionar evangelisierte er 24 Jahre lang in einer entfernten Ecke der Welt, wohin ihn Gott gerufen hatte. Auf seinem Grab steht: „Als er 1848 hier ankam, gab es hier keine Christen. Als er 1872 wegging, gab es hier keine Heiden."

Ein Vater bemerkte, wie seine Kinder bei der Familienandacht Schwierigkeiten hatten, der altmodischen Sprache der King-James-Bibel (zu vergleichen mit der alten Luther-Übersetzung) zu folgen. Aber immer, wenn er die Schrift in eigenen Worten neu formulierte, waren die Kinder lebhaft dabei. „Warum nicht die ganze Bibel in dieser Art wiedergeben?" war sein Gedanke. Obwohl er keine Zusage eines Verlages hatte, entschied er sich, an diese große Aufgabe heranzugehen.

Er, der schon in den Vierzigern war, verbrachte nun 16 Jahre damit, Vers um Vers, Kapitel um Kapitel, Buch um Buch dem Bibelleser auf leichtverständliche Art zugänglich zu machen. Sein großes Anliegen, immer treu die Bedeutung des Wortes Gottes wiederzugeben, lastete so auf ihm, daß seine Stimmbänder in Mitleidenschaft gezogen wurden und er 15 Jahre lang kaum etwas sprechen konnte.

Als er schließlich diese umfassende Arbeit hinter sich gebracht hatte, konnte er niemanden finden, der das Manuskript veröffentlichte. Von fünf Verlagen war er bereits abgewiesen worden. Waren die Jahre seiner strapaziösen Mühen vergeudete Zeit?

Nein! Er hatte die Gewißheit, daß dies eine ihm von Gott zugewiesene Aufgabe war. Deshalb gab er nicht auf und entschied sich, das Manuskript selbst zu veröffentlichen. Er begann mit einer Auflage von 2000 Stück und versprach, etwaige Gewinne dem Werk des Herrn zufließen zu lassen. Das war der Anfang von Tyndale House, nun einer der großen christlichen Verlage.

Die Auflage der Living Bible von Ken Taylor liegt nicht mehr bei 2000, sondern bei mehr als zwanzig Millionen. In englisch erscheint sie jetzt als „The Book" (in deutsch unter dem Titel „Hoffnung für alle").

Ein junger Mann namems William Carey, von seinen Kritikern „törichter Schuhmacher" tituliert, besuchte eine Predigerkonferenz, bei der Selbstzufriedenheit und Selbstgefälligkeit stark zu spüren waren. Das war ihm eine innere Not, und er stellte öffentlich die Frage, ob denn der große Missionsbefehl nicht mehr bindend sei.

Die älteren Pastoren wiesen ihn zurecht. Einer tadelte ihn mit den Worten: „Wenn es Gott gefällt, die Heiden zu bekehren, dann wird Er es auch ohne dein oder mein Zutun schaffen!"

Nach viel Gebet war Carey dem Heiligen Geist gehorsam und ging nach Indien. Dort evangelisierte er Millionen und übersetzte die Bibel in vier der dortigen Hauptsprachen. Er veranlaßte außerdem, daß sie in weitere 32 asiatische Sprachen übersetzt wurde. Er richtete auch 126 christliche Missionsschulen und ein indisches Missionscollege ein. Sein Motto? „Wage große Dinge für Gott. Erwarte große Dinge von Gott!"

Im Süden der Vereinigten Staaten übergab ein Neger, der auch mit den Rassenvorurteilen Bekanntschaft gemacht hatte, sein Leben Jesus. Der Bibelvers, der für ihn große Bedeutung gewann, war Philipper 4,13: *„Ich vermag alles durch den, der mich mächtig macht!"*

In seinen Gedanken stellte er eines Tages Gott die Frage: „Warum hast Du eigentlich dieses große Weltall geschaffen?" Innerlich war ihm, als bekäme er folgende Antwort: „Das übersteigt deinen kleinen Verstand. Bitte um etwas, das mehr deiner Größenordnung entspricht!"

So fragte er: „Warum hast du den Menschen geschaffen?" Die Antwort schien: „Auch das ist immer noch zuviel." Schließlich fragte er: „Warum hast du Erdnüsse geschaffen?"

Er befaßte sich nun mit Erdnüssen, und Gott gab diesem Mann, der aufgrund der Umstände, in denen er lebte, hätte sehr deprimiert sein können, Weisheit, 300 Rezepte für die Verwendung von Erdnüssen, 118 für die Süßkartoffel und 75 für die Pekannuß zu erfinden.

Der Verbrauch an Erdnüssen stieg, und das revolutionierte schließlich den Süden der Vereinigten Staaten, der sich dadurch von der Abhängigkeit von der Baumwollpflanzung lösen konnte, die dem Boden viele Nährstoffe entzog. Durch den Übergang auf Erdnußpflanzung konnte sich die Erde wieder erholen. Nächstens, wenn du oder deine Kinder Erdnußbutter aufs Brot streichen, erinnere dich an diesen erfindungsreichen Christen: George Washington Carver.

1898 lernten sich zwei Christen, die auf Reisen waren, in einem Hotel kennen und hielten eine gemeinsame Abendandacht. Sie, die oft unterwegs die Gemeinschaft mit anderen Christen vermißten, schätzten dieses Zusammensein sehr, und sie überlegten, wie das doch öfters geschehen könnte. Es dauerte nicht lange, da kam ihnen der Gedanke, so etwas wie eine Vereinigung christlicher Reisender zu gründen.

Nach ein paar Monaten trafen sie sich wieder, wobei auch noch ein dritter Mann dabei war. Inzwischen hatte diese anfangs vage Idee Gestalt angenommen. Auch hatte sich ihr Blickfeld erweitert, so daß es nicht nur auf Gläubige beschränkt war. Sie stellten sich die Frage: „Wie können wir die Menschen, die unterwegs auf Reisen sind, mit dem Evangelium erreichen und möglichst viele zur Bekehrung führen?"

Die heutigen Massenmedien gab es damals noch nicht, und den drei Männern standen nur wenige Mittel zur Verfügung. Die Aufgabe, die sie sich stellten, schien sie zu überfordern. Aber sie waren der Überzeugung, daß Gott sie dazu gerufen hatte und waren gewiß, daß der Herr für sie sorgen würde.

Sie entschieden sich, einen Glaubensschritt zu tun und eine Organisation zu gründen, die sie nach dem Namen eines Gottesmannes der Bibel benannten, der mit einer kleinen Mannschaft eine große Armee besiegte.

Heute reicht ihr Dienst fast in jedes Hotel und Motel der zivilisierten Welt. Vielleicht hast auch du schon in einem Hotel übernachtet und in einer Bibel, die von den Gideons bereitgestellt wurde, gelesen.

Das sind nur ein paar Beispiele dafür, was geschehen kann, wenn gewöhnliche Männer und Frauen den Auftrag Gottes erkennen und dann alle Befangenheit, Verzagtheit und Befürchtungen überwinden: Sie werden zu geistlichen Landeinnehmern!

George Fox, der Gründer der Quäker, drückte es so aus: „Ein Mann, der vom gleichen Geist, der in den Aposteln und Propheten war, geführt wird und in der Kraft Gottes tätig wird, wird seine Umgebung in weitem Umkreis aufrütteln."

Und John Wesley, auf den die Methodistenkirche zurückgeht, sagte: „Gib mir hundert Mann, die Gott von ganzem Herzen lieben und die Sünde von ganzem Herzen hassen: sie werden die Pforten der Hölle erschüttern."

Es war auch Wesley, der seinen Anhängern sagte: „Wenn ihr predigen wollt, macht euch keine Sorgen darüber, wie ihr Zuhörer finden könnt. Laßt euch vom Feuer erfassen, und die Menschen werden kommen, um euch brennen zu sehen!"

Aber nicht nur Männer, auch Frauen stehen besonderen Herausforderungen gegenüber. Viele von ihnen, besonders Mütter mit kleinen Kindern, kämpfen gegen ein geringes Selbstwertgefühl, das sie zurückhalten möchte, ihre Lebensbestimmung zu erkennen.

Die Medien geben stereotyp die Hausfrau als eine einfältige, ungepflegte und unzufriedene Erscheinung wieder — im Gegensatz zur weiblichen Karrierefrau, die intelligent, modern gekleidet und ausgerichtet ist. In der Fernsehwerbung wird der Hausfrau zudem immer wieder gezeigt, was sie alles noch braucht und besser machen könnte.

Millionen von Frauen gehen so durch eine Gehirnwäsche und sehen sich selbst durch diese verzerrten Linsen der Medien. Viele meinen, sie seien auf einem Abstellgleis. Eine Autorität in Familienfragen, Dr. James Dobson, sagt: „Wenn ich ein Rezept für die Frauen ausschreiben müßte, würde ich ihnen eine gesunde Dosis Selbstwertbewußtsein verordnen — zur täglichen Einnahme, bis die Symptome verschwinden. Das ist ihr größter Bedarf, daran habe ich keine Zweifel."

Vielleicht nickst du jetzt und sagst: „Ja, das trifft auf mich zu!" Dann höre gut zu: Gott möchte, daß du eine Vision über die Wichtigkeit und die Würde des Mutterseins bekommst und erkennst, welch wertvollen Teil du im Reiche Gottes zu erfüllen hast. Er möchte dir helfen, dem Druck der heutigen Meinungsmacher zu widerstehen und die Berufung zur Mutterschaft anzunehmen. Er möchte nicht, daß du dich als minderwertig ansiehst.

Elizabeth Dodds beschreibt in ihrem ausgezeichneten Buch „Marriage to a Difficult Man", wie weitreichend der Beitrag einer Mutter für die nachfolgenden Generationen sein kann.

Von den ungefähr 1400 Nachkommen Sarah Edwards, der Frau des bekannten Predigers Jonathan Edwards aus dem 18. Jahrhundert (sie selbst hatte elf Kinder), waren, so ergaben Erkundigungen:

13 Leiter höherer Lehranstalten
65 Professoren
100 Rechtsanwälte und
1 Vorsitzender einer Rechtsakademie
30 Richter
66 Ärzte und
1 Leiter einer Ärztekammer
80 Personen, die öffentliche Ämter innehatten, darunter
3 Bürgermeister
3 Regierungsräte
3 Senatoren
1 Leiter des nationalen Rechnungswesens
1 Vizepräsident der Vereinigten Staaten

Abraham Lincoln, dessen Mutter starb, als er zehn Jahre alt war, sagte: „Alles, was ich bin und was ich sein werde, verdanke ich (außer Gott) meiner Mutter!"

Wenn du Mutter bist, dann laß dir auch angesichts der heute

oft anzutreffenden negativen Haltung zur Mutterschaft nicht weismachen, daß du auf einem falschen Geleise bist. Nein, du brauchst nicht Haus und Familie zu verlassen, um deine göttliche Bestimmung zu finden. Du bist bereits in ihr. Ja, es ist wert, diese Rolle auszufüllen. In ihr kannst du zur Segensträgerin werden. Gib dich hin im Dienst an deinem Gatten, deinen Kindern und anderen und sieh, was für eine Erfüllung dir daraus erwächst.

Wozu du auch berufen sein magst, laß dich nicht durch Schwächen und Begrenzungen, ob wirkliche oder eingebildete, ob innerliche oder äußerliche, von deiner Bestimmung abbringen.

„Denn des Herrn Augen durchlaufen die ganze Erde, um denen treu beizustehen, deren Herz ungeteilt auf Ihn gerichtet ist" (2. Chronik 16,9).

Wie steht es um dich? Wird es nicht auch für dich Zeit, die Fesseln des Unglaubens und der scheinbaren Unzulänglichkeiten loszuwerden und der Bestimmung Gottes zu leben?

3. Kapitel

Deine Bestimmung erfüllen

Gott hat einen besonderen Ruf für jeden von uns. Er möchte nicht, daß wir ziellos dahinleben, sondern eine Vision für die uns zugewiesenen Aufgaben bekommen und diese ausführen. Auf diese Weise können wir unseren Teil zum Bau der Gemeinde beitragen, so daß die Welt effektiv mit dem Evangelium Jesu Christi erreicht wird.

Nun gut, wirst du vielleicht sagen, und wie soll das geschehen? Was kann ich an konkreten Schritten tun, um in diese göttliche Bestimmung einzutreten? In diesem Kapitel möchte ich dich auf zehn einfache praktische Schritte hinweisen, mit denen du jetzt beginnen kannst. Jeder dieser Schritte bringt dich dieser Bestimmung ein gutes Stück näher.

1. Vergewissere dich, daß du Christ bist und einer bibeltreuen Gemeinde angehörst

Ich kann nicht genug betonen, daß unsere Bestimmung in den Händen des lebendigen Gottes liegt und daß wir in ihrer Ausfüllung ganz von der Gnade Gottes abhängig sind, die uns durch Seinen Sohn, Jesus Christus, gegeben ist.

Er ist es, der uns ins Dasein rief, der uns im Mutterleib gebildet hat (Psalm 139,13) und der klare, fest umrissene Pläne mit uns hat. Er ist es, in dessen Händen unsere Zeit liegt, der die Umstände arrangiert, der hinter den Geschehnissen steht und der unsere Schritte nach Seinem Willen lenkt. Ohne Ihn hat unser Leben keine Bedeutung, denn *in Ihm leben, weben und sind wir* (Apostelgeschichte 17,28).

Aber nur in und durch Jesus Christus sind wir in Gottes Absichten hineingenommen und können sie verwirklichen. Dazu muß jedoch zuerst die Sünde, die uns von Gott trennt — unser Eigenwille, unser Ungehorsam —, beseitigt werden.

Keine Anstrengungen unsererseits, wie aufrichtig sie sein mögen und wie eifrig sie verfolgt werden, können uns in die Gemeinschaft mit Gott zurückbringen, die wir durch unsere Sünde verloren haben. Nur dadurch, daß Jesus für uns am Kreuz starb, ist die Möglichkeit geschaffen, die Kluft, die den Menschen von Gott trennt, zu überbrücken. Und nur dadurch können wir wieder in Gemeinschaft mit Ihm kommen.

Deshalb besteht der erste unerläßliche Schritt zur Erfüllung deiner Bestimmung darin, daß du Christ wirst und dich einer bibeltreuen Gemeinde anschließt.

Manche Menschen gehen davon aus, daß sie Christen sind, weil sie in einem christlichen Land aufgewachsen sind oder ihre Eltern Christen sind. Wieder andere meinen, weil sie versuchen, ein anständiges Leben zu führen und weil sie viel Gutes tun oder einfach, weil sie sonntags in die Kirche gehen, seien sie Christen.

Aber nichts von dem allem genügt. Nur wenn wir, jeder persönlich, Christi vollbrachtes Werk am Kreuz für uns annehmen, uns von der Sünde abwenden und unser Leben der Herrschaft Christi unterstellen, werden wir Christ und in die Familie Gottes hineingeboren. Dann dürfen wir Heilsgewißheit erlangen und in einem Leben der Fülle leben (Johannes 10,10).

Wenn du noch nie eine definitive, klare Entscheidung getroffen hast, Jesus dein Leben zu übergeben und Ihm nachzufolgen, so bitte ich dich, dies gerade jetzt zu tun und dieses einfache Gebet mitzubeten:

„Herr Jesus Christus, ich will jetzt Dir gehören. Ich weiß, daß ich mich nicht durch gute Werke, die ich tue, retten kann. Aber ich möchte frei werden von den Mächten der Dunkelheit und der Herrschaft Satans und möchte in Dein Reich hineinkommen und Teil Deines Volkes sein. Ich will mich von allem Sündigen abwenden und will, durch die Kraft Deines Geistes, alles vermeiden, was gegen Deinen Willen ist.

Ich bereue die Sünden, die ich begangen habe und bitte um Vergebung für sie. Ich setze nun mein ganzes Vertrauen in Dich. Ich übergebe Dir mein Leben und will Dir als meinem Herrn gehorchen und dienen. Ich danke Dir, daß Du mir ewiges Leben gibst und bitte Dich, die Kraft Deines Heiligen Geistes in meinem Leben wirksam werden zu lassen, damit ich als Dein Diener viel Frucht bringen kann."

Wenn du dieses neue Leben in Christus beginnst, solltest du es zu deiner Gewohnheit machen, jeden Tag eine Zeit des Bibellesens und des Gebets mit dem Herrn zu verbringen. Bete, daß Gott dich in eine Gemeinde führt, die neutestamentlich ausgerichtet ist, wo du im Glauben genährt wirst, Ermutigung, aber auch Korrektur erfährst und auf den Dienst, den Gott für dich hat, vorbereitet wirst. Vertraue darauf, daß der Herr Seine Hände über deinem Leben hält und dich führt.

2. Danke, daß Gott dich vorbehaltlos angenommen hat

Jeder von uns wird fortwährend mit Argumenten berieselt, was es bedeutet, eine allgemein akzeptierte Person zu sein. In unserer Kultur werden wir besonders durch die Massenmedien ständig mit raffinierten und manchmal auch weniger raffinierten Botschaften bombardiert, die uns manipulieren wollen: Du mußt da und da mitmachen, damit man dich akzeptiert. Du mußt die und die Ansprüche erfüllen. Du mußt dies oder jenes Produkt gebrauchen, um ein richtiger Mann (eine richtige Frau) zu sein. Du trägst nicht die richtigen Kleider, hast nicht das rechte Auto, gebrauchst nicht das richtige Parfüm. Du bist nicht schlank genug, dein Haar ist nicht seidig genug usw.

Aber es gibt eine Kampagne, die ist noch gefährlicher: der Lügenfeldzug, den Satan gegen uns führt. Er möchte, daß wir seinen Beschuldigungen Glauben schenken (siehe Offenbarung 12,10), so daß wir meinen, daß unsere Lage aussichtslos ist: „Das kann doch nicht wahr sein! Du willst dich Christ nennen? Meinst du, du könntest wirklich Gottes Vergebung empfangen nach all dem, was du getan hast? Unmöglich!"

Auch eine falsche religiöse Erziehung kann uns dazu bringen, daß wir in einer äußerlich gesetzlichen Art versuchen, Gottes Gunst zu erwerben: „Wenn ich noch zehn weiteren Menschen Zeugnis gebe, wenn ich eine Stunde früher aufstehe und bete, wenn ich die Bibel in einem Monat durchlese, *dann* wird Gott mich lieben." Aber das funktioniert nicht.

Gott möchte, daß wir uns weder von den Lügen unserer Kultur, noch von den Verleumdungen Satans beeinflussen lassen. Er möchte uns von Heuchelei und gesetzlichen Banden freimachen und uns helfen, die feurigen Pfeile Satans auszulöschen. Er möchte, daß wir die einfache Wahrheit erfassen, daß Er uns nicht deshalb liebt, weil wir dies oder jenes tun oder nicht tun, sondern aufgrund dessen, was wir sind — Seine Kinder. Wir sind aus Gnade gerettet, haben durch Seine Barmherzigkeit Vergebung erlangt und sind in Seine Familie aufgenommen.

„Darum nehmt einander an, wie Christus euch angenommen hat" (Römer 15,7). Wenn uns groß geworden ist, daß Gott uns bedingungslos angenommen hat, wird sich das in unserer Beziehung zum Nächsten auswirken. Wenn wir dies hingegen noch nicht erfaßt haben, werden wir Liebe, die an Bedingungen geknüpft ist, weitergeben. Dies ist ein Hindernis für unsere Entwicklung.

„Aber weshalb sollte Gott mich lieben?" fragst du vielleicht. „Ich bin nicht gut genug. Ich verdiene es nicht!" Ja, da sind wir gerade am springenden Punkt. Er liebt dich nicht, weil du gut bist. Du bist gut, weil Er dich liebt. Du kannst Seine Liebe nicht verdienen, du kannst sie nur im Glauben annehmen.

Wenn dir jemand den Laufpaß gegeben hat, wenn du dich schrecklich fühlst, wenn du mit deinen Eltern Mühe hast, wenn du über- oder untergewichtig bist, wenn du geschieden bist, wenn du deine Arbeitsstelle verloren hast, wenn du dich anklagst, wie schlecht du in der Vergangenheit mit der Sexualität umgegangen bist — Gott liebt dich trotzdem.

Er wird nicht alles gutheißen, was du getan hast oder tust, aber Er nimmt dich an und liebt dich. Lebe im Bewußtsein dieser Liebe, sie wird dein Leben verändern. Gott liebt dich und steht dir zur Seite. Die Bibel sagt: *„Ist Gott für uns, wer mag wider uns sein?"* (Römer 8,31).

3. Freue dich darüber, daß Gott dich wertvoll und einzigartig gemacht hat

Wie oft hast du schon gehört, wie andere, oder auch du selbst, sagten: „Ich bin zu klein, zu groß, zu schüchtern, zu jung, zu alt" oder „Es liegt an meinen Eltern, an meiner fehlenden Ausbildung, an meinen körperlichen Unzulänglichkeiten. Ich lebe nicht am richtigen Ort!"

Wir sehen uns selbst als wertlos an wegen unseren tatsächlichen, eingebildeten oder selbst auferlegten Begrenzungen. Manchmal beschuldigen wir sogar Gott: „Warum hast Du mich so gemacht? Ist das wirklich das Beste, das Du tun konntest?"

Gott hat uns ein ernüchterndes Wort für diese Art Vorwürfe gegeben: *„Weh dem, der mit seinem Schöpfer hadert . . . Spricht denn der Ton zu seinem Töpfer: Was machst du? . . . Wollt ihr Mich zur Rede stellen wegen Meiner Söhne? Und wollt ihr Mir Befehl geben wegen des Werkes Meiner Hände?"* (Jesaja 45,9-11). Der Herr ist der Töpfer, und wir sind der Ton, der von Ihm so geknetet und geformt wird, wie Er es haben möchte.

„Denn wir sind Sein Werk", sagt Paulus in Epheser 2,10. Im Griechischen wird ausgedrückt, daß wir *fortwährend* Sein Werk sind — nicht als ein Endprodukt, sondern als ein Werk, das noch andauert: Des Herrn Werk geht weiter!

Das Wort Werk hat außerdem die Bedeutung eines schöpferischen Tuns. Hast du schon darüber nachgedacht, daß du ein Meisterwerk Gottes bist?

Wir bemessen den Wert eines Gegenstandes zumeist an dem, was er kostet. Nach diesem Maß sind wir von unschätzbarem Wert, denn wir sind nicht mit Gold oder Silber, sondern mit dem Blut des Sohnes Gottes erkauft. Das war der hohe Preis, und Gott bezahlte ihn für uns. *„Ihr seid teuer erkauft"*, sagt uns die Schrift (1. Korinther 6,20).

Als ich noch in der Schule war und wir Naturlehre hatten, hörte ich voll Erstaunen, daß keine zwei Schneeflocken gleich sind. Denke einmal nach: von den Myriaden von Schneeflocken, die auf die Erde fallen, ist jede einzigartig. Gott hat es so eingerichtet!

Auch jeder Mensch ist in seinem vollausgebildeten Sein einzigartig. Wenn wir z. B. die Fingerabdrücke eines Menschen haben, können wir ihn zweifelsfrei identifzieren, weil kein anderer die gleichen Abdrücke hat.

Es gibt keinen, der genau so ist wie du. Es war noch nie so einer da und wird auch nie wieder einer so sein. Du bist der einzige für alle Zeiten, d. h. in Ewigkeit. Du bist eine sich nie wiederholende spezielle Schöpfung Gottes.

4. Mach dir Disziplin zu eigen

In meiner Bibel habe ich über ein paar altbekannte Verse die Worte „Danach strecke dich aus“ geschrieben, und zwar über 1. Korinther 9,24-27:

„Wißt ihr nicht, daß die, die in der Kampfbahn laufen, die laufen alle, aber einer empfängt den Siegespreis? Lauft so, daß ihr ihn erlangt. Jeder aber, der kämpft, enthält sich aller Dinge. Jene nun, damit sie einen vergänglichen Kranz empfangen, wir aber einen unvergänglichen. Ich aber laufe nicht wie aufs Ungewisse. Ich kämpfe mit der Faust, nicht wie einer, der in die Luft schlägt, sondern ich bezwinge meinen Leib und zähme ihn, damit ich nicht anderen predige und selbst verwerflich werde.“

Das griechische Wort für kämpfen ist *agonizomai*, von dem wir unser Wort *Agonie* haben. Es erinnert an das Training und die Zucht, die die Athleten auf sich nehmen, wenn sie sich für die Olympischen Spiele oder andere sportliche Wettkämpfe vorbereiten.

Zucht und Disziplin müssen auch wir uns in unserem geistlichen Kampf zu eigen machen. Wir müssen bestimmten Regeln folgen und nicht nach dem gehen, wie wir uns gerade fühlen. Natürlich meine ich nicht, daß wir versuchen sollten, uns in eigener Kraft zu disziplinieren. Wir müssen demütig bekennen, daß wir das nicht schaffen und Gottes Gnade in der Kraft des Heiligen Geistes brauchen.

In den vorher erwähnten Bibelversen wurde uns gesagt, daß wir so laufen sollen, daß wir den Siegespreis erlangen. In jedem Rennen ist nur einmal der erste Platz zu vergeben. Wer ihn erreicht, ist der Gewinner. Aber hier liegt der Nachdruck nicht auf dem ersten Platz, sondern darauf, wie sich einer, wenn er siegen will, verhalten muß: Es geht nicht halbherzig, sondern er muß voll bei der Sache sein. Er muß entschlossen sein, das Beste zu geben. Und das gilt auch uns: Wir müssen uns ganz einsetzen und das Beste für den Herrn geben — zu Seiner Ehre.

Wenn Gott dich zu etwas gerufen hat und andere reife Christen, die dich persönlich kennen, diesen Ruf bestätigen (was ich als das biblische Muster ansehe, dem wir Folge leisten sollten), dann demütige dich und verlaß dich auf die Gnade Gottes. Sieh dich so an, wie Gott dich sieht: als einer, der in allem durch den weit überwindet, der ihn liebt (siehe Römer 8,37).

5. Komm aus dem alten Trott heraus

Gott ist ein Gott, der Neues schafft. Die Schrift spricht von einem neuen Bund, einem neuen und lebendigen Weg, von einem neuen Lied, einem neuen Namen usw. *„Gedenkt nicht an das Frühere und achtet nicht auf das Vorige. Denn siehe, Ich will ein Neues schaffen“* (Jesaja 43,18-19).

Wenn du für den Herrn brauchbar und nützlich sein willst, darfst du nicht in Routine erstarren und unbeweglich alles Neue abblocken. Es ist nichts falsch daran, eine Routine im Umgang mit bestimmten Dingen zu entwickeln. Es spart uns die Mühe, an jeder Biegung wieder neu herauszufinden, wie es weitergeht. Aber die sonst hilfreiche Routine kann unserem geistlichen Leben schaden, wenn sie uns für die Impulse des Heiligen Geistes, falls Er uns in eine neue Richtung führen möchte, abstumpft.

Einer der Wege, uns neuen Dingen zu öffnen, die Gott in unserem Leben tun will, besteht darin, neue Herausforderungen zu erkennen und der Tendenz zu widerstehen, bequem und selbstzufrieden zu werden.

Wenn du in dieser Gefahr stehst, solltest du nach Gelegenheiten Ausschau halten, wie du aus der Tretmühle herauskommen kannst, in die du hineingeraten bist. Bitte Gott, dir mehr Pioniergesinnung zu geben.

Schließe dich auch durch den Besuch von Konferenzen, das Lesen von Büchern und das Hören von Kassetten für die Dinge auf, die Gott heute in der Welt tut. Versuche in Kontakt mit neuen Leuten zu kommen. Bete und tue Dienste, über die du dir schon Gedanken gemacht, die du aber bisher nie getan hast.

Neue Dinge zu tun — oder die bekannten Dinge in einer neuen und anderen Art zu tun — läßt uns frische Perspektiven gewinnen und eine lebendigere, flexiblere Art Leben führen. Laß dir von Gott die Augen dafür öffnen, was es dazu an Gelegenheiten in deiner Umgebung gibt.

6. Lerne es, mit Versagen fertig zu werden

Es ist klar: Wenn wir daran gehen, neue Dinge zu tun, werden wir gelegentlich auch Fehler machen. *„Ein Gerechter fällt siebenmal und steht wieder auf“*, sagt uns Sprüche 24,16. Ich bin der Überzeugung, daß Gott diejenigen mehr gefallen, die vorwärtsgehen und Fehlschläge einstecken, als jene, die sich zurücklehnen und aus Furcht vor Versagen gar nichts tun. Gott kann sogar Gutes aus Fehlern herbeiführen.

Nur wenn wir unsere Fehlschläge und unser Versagen positiv und produktiv verarbeiten, können wir Fortschritte im Blick auf Gottes Ruf verzeichnen. Denke an Petrus, David, Mose und andere Glaubenshelden. Auch sie hatten Fehlschläge zu verzeichnen.

Charles Lindbergh, der erste Mensch, der allein den Atlantik überflog, sagte: „Welcher Mensch würde dort leben wollen, wo man nichts mehr wagt? Ich glaube nicht, daß wir Törichtes wagen sollten, aber wir erreichen nichts, wenn wir überhaupt nichts wagen."

Vergeude keine Zeit damit, über die Fehler der Vergangenheit nachzugrübeln. Gewiß, es ist in Ordnung, zurückzublicken, um aus den vergangenen Fehlern zu lernen. Aber wir brauchen kein Denkmal dafür aufzubauen. Wenn du Auto fährst, mußt du gelegentlich den Rückspiegel benutzen. Aber wenn dein Blick ständig auf den Rückspiegel gerichtet ist, anstatt auf die Straße vor dir, wirst du unweigerlich einen Unfall verursachen.

Laß dich nicht durch Fehler dazu bringen, überhaupt nichts mehr zu versuchen. Gelange vom Fehlschlag zum Erfolg. Folge dem Beispiel des Paulus: *„Ich vergesse, was dahinten ist, und strecke mich aus nach dem, was da vorne ist, und jage nach dem vorgesteckten Ziel, dem Siegespreis der himmlischen Berufung Gottes in Christus Jesus"* (Philipper 3,13-14).

Was Rückschläge in deinem Leben anbetrifft, so schau dir einmal Abraham Lincolns Leben an:

1831 — Mißerfolg im Geschäftsleben
1832 — bei der Wahl zum gesetzgebenden Ausschuß durchgefallen
1833 — Erneuter Mißerfolg im Geschäftsleben
1835 — Freundin stirbt
1836 — einen Nervenzusammenbruch erlitten
1838 — als parlamentarischer Sprecher abgelehnt
1840 — als Wahlkandidat unterlegen
1843 — bei den Kongreßwahlen durchgefallen
1848 — Erneut bei den Kongreßwahlen durchgefallen

1855 — nicht in den Senat gewählt
1856 — bei der Wahl zum Vizepräsidenten unterlegen
1858 — erneut nicht in den Senat gewählt
1860 — zum Präsidenten
der Vereinigten Staaten gewählt

Wenn du eine Pechsträhne durchmachst, denn denke daran, wie es manchmal im Fußball geht: ein paarmal geht der Ball neben das Tor, doch dann zappelt er plötzlich im Netz!

Denke daran, daß besonders auf „Durststrecken" dein geistliches Leben geformt wird. Wenn Trockenheit herrscht, gehen die Wurzeln tiefer und schaffen so die Voraussetzung für noch mehr Wachstum und Frucht.

„Denn Ich weiß wohl, was Ich für Gedanken über euch habe, spricht der Herr: Gedanken des Friedens und nicht des Leides, daß Ich euch gebe das Ende, des ihr wartet" (Jeremia 29,11).

7. Laß dich von glaubensstarken Leuten inspirieren

„Eisen wird durch Eisen geschärft" und *„Wer mit Weisen umgeht, wird weise"* heißt es in Sprüche 27,17 bzw. 13,20. Wenn wir ständig im Umgang mit glaubensstarken und beispielgebenden Christen stehen, wirkt sich das auch stärkend auf uns aus.

Auch wenn wir die Lebensgeschichten von Männern und Frauen des Glaubens lesen, werden wir inspiriert. Ich bin überzeugt, daß die Apostel damals durch die Berichte über die Taten Gideons, Davids, Elias und anderer ebenso inspiriert wurden wie wir heute. Die Apostel wiederum können uns inspirieren.

Auch das Lesen von Berichten über Gestalten der Kirchengeschichte kann uns großen Nutzen bringen. Ich selbst habe viel Inspiration erhalten durch Bücher und Artikel über John Wesley, Billy Graham und andere.

Wenn wir gesalbte Prediger — auch im Fernsehen, im Radio oder auf Kassette — hören, wird dies uns ebenfalls viel Segen und Motivation bringen. Einer der Gründe, warum wir die Zeitschrift *People of Destiny* herausbrachten, war, jungen Menschen zu helfen, ihre Berufung zu erkennen und auszufüllen.

Wahrscheinlich kennst du auch Christen, deren Ausstrahlung,

Glaube und Charakter zum Nacheifern anregt. Ihr Beispiel in Christus soll uns Ansporn sein.

Die Bibel sagt uns: *„Schlechter Umgang verdirbt gute Sitten“* (1. Korinther 15,33). So sollten wir sorgfältig darauf achten, mit wem wir Gemeinschaft pflegen. Der Kontakt und Umgang mit hingegebenen Christen stärkt uns in unserem Wandel mit dem Herrn.

8. Entdecke und entfalte deine geistlichen Gaben und gottgebenen Talente

Die Frucht deines Lebens als Christ wird davon abhängig sein, in welchem Maße du das, was Gott dir gegeben hat, gebrauchst. In anderen Worten: „Wer du bist, ist Gottes Gabe an dich. Was du daraus machst, ist deine Gabe an Gott zurück.“

Erinnerst du dich an das Gleichnis von den anvertrauten Pfunden? Die zwei Knechte, die ihre Talente einsetzten, wurden gelobt und bekamen noch mehr. Der eine aber, der sein Talent vergrub, wurde getadelt und verlor schließlich, was er hatte (siehe Lukas 19,11-27).

Gott verleiht uns bestimmte Gaben und Fähigkeiten. Wir alle, ohne Ausnahme, haben eine besondere Gabe, mit der wir anderen dienen (1. Petrus 4,10) und Gott Ehre bringen können.

In der Schrift lesen wir z. B. von Gaben des Dienens, Lehrens, Ermahnens, Gebens, Leitens, des Barmherzigkeit Übens, und im Bereich des Übernatürlichen von den Gaben des Glaubens, der Heilungen, der Prophetie, der Weisheits- und Erkenntnisrede. Wenn wir erkennen, was Gott uns anvertraut hat und diese Gabe zum allgemeinen Nutzen anwenden, finden wir große Erfüllung und sind eine Hilfe für andere.

Wie können wir die besonderen, uns von Gott gegebenen Gaben entdecken? Natürlich ist der erste Schritt, Gott zu suchen, daß Er uns dies offenbart. Aber wir brauchen auch die Bestätigung und Hilfe anderer bei der Ausübung der Gaben. Deshalb ist es nötig, daß wir lebendiger Teil einer Lokalgemeinde werden, wo wir unsere natürlichen und geistlichen Gaben betätigen können.

Selbstverständlich können wir intellektuelle Leistungen nicht mit Heiligung gleichsetzen, aber Gott gibt uns auch die Intelligenz, daß wir sie als Werkzeug in Seinem Dienst gebrauchen sollen. Als gute Haushalter sollten wir unseren Verstand wach und scharf halten und neue Informationen aufnehmen, besonders auf den verschiedenen Gebieten des christlichen Wandels, über Seelsorge, Kindererziehung, Evangelisation usw.

Interessant ist, daß viele Leute dadurch, daß sie zu einer Zuhörerschaft reden können, mehr Selbstvertrauen gewinnen. Du brauchst kein fulminanter Redner sein, aber du kannst lernen, deine Gedanken öffentlich auszudrücken. Das wird dir Zuversicht geben.

Wie können wir das Evangelium den Völkern predigen, wenn wir es nicht fertigbringen, es unserem Nachbarn an der nächsten Türe zu erklären oder eine einfache Darstellung vor einer Klasse zu geben? Natürlich, man ist nervös. Aber wir können das überwinden, indem wir es immer wieder praktizieren und im Glauben an die befähigende Kraft Gottes leben.

9. Gib dich hin zum Dienst an anderen und zur Verwirklichung der Absichten Gottes in unserer Zeit

Wir müssen vorsichtig sein, daß wir uns nicht zu sehr auf das konzentrieren, was wir tun können, um unsere besondere Berufung auszufüllen, denn wir könnten darüber leicht unsere grundsätzliche Berufung, dem anderen zu dienen, vergessen. Wir leben in einer egoistischen, materialistischen Welt, in der es vor allem darum geht, möglichst viel zu bekommen. Aber Jesus erklärte, daß Geben seliger ist als Nehmen. Und Er sagte auch: *„Niemand lebt davon, daß er viele Güter hat"* (Apostelgeschichte 20,35 und Lukas 12,15).

John D. Rockefeller Sr. unternahm alles, um erfolgreich zu sein. Im Alter von 23 Jahren war er bereits Millionär. Innerhalb von 20 Jahren wurde er zum reichsten Mann der Welt. Aber dann kam ein Augenblick in seinem Leben, der die Wende brachte. Eines Nachts, als er einschlafen wollte, wurde ihm plötzlich klar, daß alles wie ein Kartenhaus einstürzen würde und er nichts über das Grab hinaus mitnehmen konnte.

Von da an lebte er anders. Anstatt Geld und Besitz anzuhäufen, begann er nun, Geld wegzugeben. Er gründete die Rockefeller-Stiftung und gab viel Geld an Krankenhäuser, Forschungs- und Missionsarbeit. Durch seine finanzielle Hilfe wurde die Entdeckung des Penicillins ermöglicht. Auch Heilmittel gegen Malaria, Tuberkulose und Diphterie resultierten aus seiner Unterstützung. Er gab auch viel Geld an Bedürftige.

Im Alter von 35 Jahren schien John D. Rockefeller dem baldigen Tod geweiht, aber durch diese Lebensumstellung erreichte er noch das hohe Alter von 99 Jahren. Jesus sagte: *„Gebt, so wird euch gegeben“* (Lukas 6, 38).

Ein Spruchteller in meinem Büro soll mir ständige Erinnerung daran sein, wie wichtig es ist, dem anderen zu dienen: „Ich werde nur einmal über diese Erde gehen. Alles Gute, das ich tun kann oder jede Freundlichkeit, die ich erweisen kann, sollte ich jetzt tun. Laß sie mich nicht übersehen oder mein Tun aufschieben, denn die Gelegenheit wird mir nicht wieder über den Weg kommen.“

In den 15 Jahren meines Christenlebens habe ich versucht, diese Worte zu beherzigen, die, so glaube ich, mit den Worten unseres Herrn Jesus Christus übereinstimmen. Wenn ich mich von ganzem Herzen in den Dienst der anderen stelle, wird mein Leben vielfältig bereichert werden.

10. Schritt für Schritt vorwärts

Gott rät uns in Seinem Wort, die kleinen Anfänge nicht zu verachten (Sacharja 4,10). Viele Leute setzen sich Ziele, die zu ehrgeizig sind, und ihr Enthusiasmus schwindet schnell. Ein altes Sprichwort sagt: „Wie ißt man einen Elefanten? — Stück um Stück!“

Wenn du an die Aufgaben gehst, die vor dir liegen, dann denke daran, Schritt um Schritt vorzugehen. Wenn du einen stetigen Fortschritt verzeichnen kannst, wirst du mehr Zuversicht entwickeln und wirst das Tempo einhalten können. Bitte darum, daß der Heilige Geist dir angemessene Ziele zu erkennen gibt und dir dann hilft, sie zu erreichen.

Es gibt eine Erzählung über einen Jungen, der eine Idee hatte, wie er den klügsten Mann im Dorf reinlegen konnte. Er fing einen Vogel, hielt ihn in der hohlen Hand versteckt, kam zu dem Mann und fragte ihn: „Ist der Vogel in meiner Hand lebendig oder tot?“

Der aber merkte, daß der Junge, wenn er mit „Er lebt“ antwortete, den Vogel in seiner Hand zerdrücken und töten würde. Und wenn er antwortete: „Er ist tot“, würde der Junge einfach die Hand öffnen und den Vogel wegfliegen lassen. So sah er dem

Jungen ins Gesicht und sagte: „Mein Sohn, die Antwort auf deine Frage liegt in deiner Hand!“

Gott hat uns gute Dinge in die Hände gelegt. Er hat uns Seine Gaben anvertraut und sagt: „In deiner Hand ist nun das Potential. Du kannst es ausnützen und erfolgreich sein oder brachliegen lassen und nichts erreichen.“

Ich glaube, daß wir gerade in unserer Zeit all das, was Gott uns gegeben hat, dazu benutzen sollten, daß die verlorene Welt erreicht und die Gemeinde gebaut wird. Laßt uns Gottes Bestimmung erkennen und Seinem Ruf Folge leisten. Wie ist es bei dir? Willst du darauf eingehen?

Teil II

Immer wieder gibt uns Gott Gelegenheiten

„. . . durch das Evangelium,
für das ich eingesetzt bin als Prediger
und Apostel und Lehrer“
(2. Timotheus 1,10-11).

4. Kapitel

Immer bereit sein

Vor nicht allzulanger Zeit befand ich mich mit meiner Familie für einige Wochen in der Gegend von Los Angeles. In dieser Zeit fuhr ich mit einem Freund an einem Nachmittag nach Beverly Hills, um einmal einen Eindruck von der Gegend zu bekommen, in der die Filmstars und andere berühmte Leute wohnten.

Als wir um eine Ecke bogen, sahen wir das bekannte Beverly Hills Hotel vor uns. Ich schlug vor, hier zu parken und einen kleinen Spaziergang zu machen. „Wer weiß“, sagte ich zu meinem Freund Steve, „vielleicht gibt uns Gott Gelegenheit, einer bekannten Persönlichkeit Zeugnis zu geben.“

Steve war nicht sehr begeistert darüber: „Ich weiß nicht, Larry“, dabei schaute er auf die aufwendige Architektur in der Umgebung, auf die gepflegten Gärten und die Luxuslimousinen. „Die mögen bestimmt nicht, daß wir hier herumspionieren! Komm, wir fahren lieber wieder zurück!“

„Aber, Steve“, wandte ich ein, „laß uns doch wenigstens sehen, ob Gott hier nicht etwas für uns vorbereitet hat.“

Wir gingen zur Rückseite des Hotels. Eine hohe, efeubewachsene Mauer stand zwischen einer Reihe von Tennisplätzen und dem restlichen Anwesen. Wir hörten das rhythmische Klatschen eines Tennisballs und das Geräusch von Tennisschuhen.

„Ich schau mal nach, wie das Spiel läuft“, rief ich Steve zu und ging auf ein Loch in der Mauer zu. Als ich hindurchsah, war ich baff.

„Steve“, sagte ich, „weißt du, wer hier Tennis spielt? Es ist Mose!“

„Wer soll das sein?“ fragte Steve und sah selbst hindurch.

„Siehst du ihn? Das ist der Schauspieler, der im Film ‚Die

Zehn Gebote‘ den Mose darstellte. Und in Ben Hur spielte er auch. Es ist Charlton Heston!“

„Kann ich nicht glauben!“ flüsterte Steve.

In dem Moment kam ein Bediensteter des Hotels vorbei und fragte uns, ob er uns irgenwie helfen könne. Auf unsere Frage bestätigte er, daß es tatsächlich Charlton Heston war, der hier Tennis spielte. Aber es sei nicht möglich, ihn zu sprechen.

Anschließend wies er uns höflich darauf hin, daß wir, wenn wir sonst nichts hier zu erledigen hätten ... Wir nahmen den Wink zur Kenntnis und traten den Rückweg an. Als wir mit dem Auto wegfuhren, hatte ich aber den Eindruck, daß diese von Gott gegebene Situation noch nicht abgeschlossen war.

Auf der Straße begegneten wir glänzenden, teuren Autos: Mercedes, Rolls-Royce usw. Wir fuhren dann in eine der Seitenstraßen und sahen wunderschöne Gebäude. Nach einer weiteren Kurve sahen wir wieder eine efeubewachsene Mauer vor uns. Das mußten wieder die Tennisplätze sein. Jetzt konnte ich auch sehen, daß der Efeu nicht durchgehend war. An einer Stelle war ein mit einer Kette verschlossenes Tor, das auf die Tennisplätze führte. Und diesmal schien kein Hotelbediensteter in der Nähe zu sein, der uns hätte wegkomplimentieren können.

Steve sah meine Augen aufleuchten. „Larry“, meinte er, „das kann doch nicht dein Ernst sein. Willst du es noch einmal versuchen?“

Ich hatte inzwischen das Auto abgestellt und suchte im Handschuhfach nach einem kleinen Traktat, das erklärte, wie man Christ werden kann. Dann stieg ich aus.

„Steve, ich muß das jetzt tun“, sagte ich. „Ich habe den Eindruck ... “

Als ich durch das Tor schaute, sah ich wieder Charlton Heston. Während ich ihn beobachtete — er spielte ganz gut —, begann ich, ihn vor den Herrn zu bringen.

Kaum hatte ich zu beten begonnen, als ein Tennisball hoch auf eine der Pinien segelte, die am Rande des Platzes standen. Der Ball fiel langsam nach unten, von Ast zu Ast. Und schließlich landete er genau in meiner ausgestreckten Hand.

Natürlich befand sich noch ein anderer Spieler auf dem Platz, und, wie ich jetzt sah, auch noch zwei der Hotelbediensteten. Wahrscheinlich wird jetzt einer von ihnen kommen, um den Ball zu holen, dachte ich.

Aber nichts geschah. Als ich so überrascht dastand und den Ball in meinen Händen hielt, kam Heston auf mich zu. Ich war etwas perplex, als er so nahe vor mir stand, so daß ich lediglich die Bitte um ein Autogramm vorbringen konnte. Er lächelte, als er seinen Schriftzug auf ein Blatt Papier setzte.

„Und diese kleine Schrift ist für Sie", fügte ich hinzu, als ich mich plötzlich daran erinnerte, daß ich ja kurz zuvor das Traktat extra deswegen aus dem Handschuhfach geholt hatte. „Vielleicht können sie es nachher lesen, wenn sie Pause machen."

„Gewiß", antwortete er und steckte das Traktat in die Tasche. Dann, nach einer kurzen Pause, fragte er mich freundlich, aber doch mit hochgezogenen Augenbrauen, ob er denn nicht den Tennisball haben könnte.

„Natürlich", antwortete ich. Ich hatte gar nicht mehr daran gedacht, daß ich ihn immer noch in Händen hielt. Ich warf ihm den Ball zu und verabschiedete mich. Dann ging es zurück zum Auto. Steve schüttelte nur den Kopf.

Ich hätte nun gerne berichten mögen, daß Charlton Heston mich am Tag danach angerufen und erklärt hätte, daß sein Leben durch das Lesen des Traktats enscheidend verändert wurde. Aber das geschah nicht. Ich muß also gestehen, daß ich keine Ahnung habe, was für eine Wirkung dieses Traktat auf ihn gehabt hat.

Aber eines weiß ich: Gott hat dieses Zusammentreffen geplant und vorbereitet. Ich wiederum war auf solche Situationen eingestellt und hatte auf den Impuls des Heiligen Geistes hin die Gelegenheit beim Schopf gepackt und meinen Glauben durch die Weitergabe des Traktats bezeugt.

Wer Christ geworden ist, ist gleichzeitig in die weltweite Gemeinschaft der Männer und Frauen eingetreten, die durch den Heiligen Geist auf natürliche oder übernatürliche Weise in Kontakt mit anderen gebracht werden, um dabei Gottes Werkzeug zu sein.

Manchmal können wir eine Person zur Bekehrung führen. Ein andermal werden wir dazu gebraucht, zu säen und Teil einer Reihe von Kontakten zu sein, die später zur Bekehrung führen. Was Evangelisation so spannend macht, ist die Gewißheit, daß wir nicht auf uns allein gestellt sind, sondern durch den Geist Gottes täglich in wichtige Begegnungen mit Ungläubigen geführt werden. Das macht unseren Auftrag zum Abenteuer und nicht zur Plage. Von Gott vorbereitete Situationen erwarten uns jeden Tag.

Das Motto der Küstenwache lautet: „Semper paratus". Das ist

lateinisch und heißt: “Immer bereit“. Die Küstenwache muß immer bereit sein, plötzlich eingreifen zu müssen.

Wir als Christen sollten auch immer bereit sein. Was sagt die Schrift?: *„Seid allezeit bereit zur Verantwortung vor jedermann, der von euch Rechenschaft fordert über die Hoffnung, die in euch ist“* (1. Petrus 3,15).

Petrus schrieb an Christen, die durch viele Schwierigkeiten gingen und Verfolgung erlitten. Aber er wußte, daß sie inmitten von Trübsal doch Hoffnung, Frieden und Freude durch den Heiligen Geist erfuhren. Das blieb auch den Außenstehenden nicht verborgen, so daß sie sich fragten, woran das liegen konnte.

Auch wir Christen in der heutigen Zeit, die wir um Gottes Liebe und Seinen Ruf wissen, sollten in einem lebendigen, kraftvollen Glauben stehen, so daß Nachbarn, Arbeitskollegen oder sogar ganz Fremde zu uns kommen und uns fragen: „Ihr Leben ist so ganz anders. Wie kommt das?“

Natürlich sollten wir nicht einfach dasitzen und warten, bis uns jemand fragt, bevor wir etwas über unseren Herrn sagen. Petrus legt die Betonung darauf, wie wichtig es ist, jederzeit bereit zu sein, den Glauben zu bezeugen.

Er wußte darum, daß ein Christenleben mit von Gott vorbereiteten Situationen ausgefüllt ist: Gelegenheiten, das Evangelium zur richtigen Zeit der richtigen Person zu bringen. Es sieht oft so aus, als ob sich diese Situationen zufällig ergeben, aber in Wirklichkeit sind sie von Gott sorgfältig vorbereitet und arrangiert worden.

Vielen Christen fehlt es an Glauben, daß Gott so etwas auch für sie tut. Und doch möchte der Herr, daß wir in diesem Glauben täglich bereit sind, so daß Er uns gebrauchen kann, wenn Er uns Menschen über den Weg schickt, die durch das Evangelium berührt werden sollen.

Ist das nicht spannend? Daran zu denken, daß der große Architekt des Universums unsere Schritte jeden Tag lenkt!

Kürzlich flog ich nach Orlando, Florida, und bemerkte, daß Johnny Unitas, einer der bekanntesten Football-Spieler mit an Bord war. Er saß auf dem vordersten Sitz, und als ich hinter den anderen Passagieren in der Reihe warten mußte, erkannte ich ihn.

„Entschuldigen Sie, sind Sie Johnny Unitas?“

„Ganz recht, das bin ich!“

Ich gab ihm die Hand und fragte ihn, wohin er reise. Dann griff ich in die Tasche meiner Jacke und holte ein farbiges Traktat heraus, das mein Zeugnis enthält und erklärt, wie man Christ werden kann.

Ich gab es ihm und sagte: „Es war schön, Sie zu treffen. Da wir ja zwei Stunden zu fliegen haben, gebe ich Ihnen diese kleine Schrift zum Lesen. In drei Minuten können Sie so meine ganze Lebensgeschichte erfahren."

„Danke." Er nickte neugierig.

Während ich den Gang entlangschritt, betete ich: „Herr, wenn er dich noch nicht persönlich kennt, so öffne jetzt sein Herz für die gute Botschaft dieses Traktats."

Natürlich geht es nicht darum, damit zu glänzen, daß man Filmstars und prominenten Persönlichkeiten das Evangelium bringt. Aber Gott kann es so fügen, daß wir auch solche Menschen erreichen, von denen wir gemeinhin annehmen, daß wir mit ihnen nie in Kontakt kommen werden. Wir als Christen dürfen wissen, daß diese Zusammentreffen keine Zufälligkeiten sind, sondern von Gott so gefügt wurden.

Richard Plake, ein evangelikaler Pastor, der vor kurzem aus Griechenland zurückgekehrt war, erzählt ein Erlebnis in der Zeitschrift „Christianity Today". In einem Brief an Freunde beschreibt er, was er während einer Busreise von Kalifornien nach Washington D.C. im Jahr 1981 erlebte:

„In Salt Lake City stieg ich in einen Greyhound-Bus um, der von Los Angeles kam. Ich ließ mich auf einem leeren Sitz nieder. Mein Nachbar war ein junger Mann namens John, der nun für die nächsten 1000 km mein Reisebegleiter sein würde.

Wir sprachen über manche Dinge, als wir so viele Kilometer fuhren, aber der Heilige Geist gab mir die Gelegenheit und den Mut, mit John auch über die ewigen Dinge zu sprechen. Als Kind war er zur Kirche gegangen, kam aber in späteren Jahren davon ab. Er fragte mich, was unter der Wiedergeburt zu verstehen sei.

Während der langen Reisezeit war es mir möglich, diesem jungen Mann meine Lebensgeschichte zu erzählen und zu berichten, wie ich vor beinahe 18 Jahren zu Jesus gekommen war. Ich sprach mit ihm über Gottes Liebe und Vergebung und daß er auch persönlich Jesus Christus brauchte.

In Washington verließen wir beide um die Mittagszeit des 29. März den Bus, holten unser Gepäck und verabschiedeten uns voneinander. Und dies waren meine Abschiedsworte: ‚John, ich glaube, Gott hatte einen Grund, daß wir hier zusammentrafen!'

Am nächsten Tag war ich schockiert und traurig zugleich, als ich vom Mordversuch an Präsident Reagan hörte. Im Fernsehen zeigte man das Bild des mutmaßlichen Attentäters. Es war John W. Hinckley jr., mein Nachbar vom Greyhound-Bus."

Mein Freund Patrick Lowry, der beruflich mit Hausreparatur- und Malerarbeiten zu tun hat, arbeitete einmal an einem Haus in der Gegend von Beverly Hills. Er bemerkte, wie eine junge Frau auf der Straße vor dem Haus mit ihrem Auto Schwierigkeiten hatte. Sie fragte ihn, ob er ihr helfen könne. Patrick stieg die Leiter hinunter, öffnete die Motorhaube und machte sich an der Batterie zu schaffen, bis der Motor wieder gestartet werden konnte. Die junge Frau, die für die Hilfe sehr dankbar war, lud ihn zum Mittagessen ein.

Als sie zum Restaurant fuhren, begann Patrick ein Gespräch mit der Frau. Die vielen Ringe, Armbänder und der Halsschmuck, den sie trug, ganz abgesehen von dem feinen Wagen, den sie fuhr, schienen darauf hinzuweisen, daß sie über beträchtliches Vermögen verfügte.

„Ich heiße Patrick", lächelte er, „Patrick Lowry. Und wer sind Sie?"

Die junge Frau sah ihn erstaunt an: „Wollen Sie mich zum besten halten?"

„Nein, ich heiße wirklich Patrick Lowry", antwortete er. „Und wie heißen Sie?"

„Ja, erinnern Sie sich denn nicht an mich? Wissen Sie wirklich nicht, wer ich bin?"

Patrick wurde etwas verlegen. Sollte er denn die junge Frau kennen? Er versuchte, sich die Hollywood-Stars ins Gedächtnis zu rufen. Ob sie eine Filmschauspielerin war? Oder jemand aus einer großen Fernsehserie? Aber er konnte sie nirgends unterbringen.

„Tut mir leid. Ich weiß es nicht."

„Ich bin Madonna", lachte sie.

„Madonna und wie noch?" fragte er. Er hatte zu wenig Berührung mit der Rock-Musik-Szene um zu wissen, daß er den größten Schallplattenstar des Jahres vor sich hatte. Glücklicherweise hatte er aber genügend Berührung mit dem Heiligen Geist, so daß er ihr von Jesus erzählte und ein Traktat mit seiner persönlichen Lebensgeschichte weitergab. Sie schien nicht übermäßig interessiert, aber Patrick wußte, daß Gott diese ungewöhnlichen Umstände arrangiert hatte, um ihm die Möglichkeit zu geben, hier etwas zu säen.

Ich möchte noch auf den Unterschied zwischen Evangelisation und Seelengewinnen hinweisen. Evangelisation bedeutet einfach, das Evangelium zu verkündigen. Seelengewinnen zielt darauf ab, eine Person zur Bekehrung zu führen. Nicht alle uns gegebenen Situationen führen zu einer Bekehrung, aber alle geben uns die Gelegenheit, etwas von Jesus zu sagen.

Dwight L. Moody, der bekannte Evangelist, sagte: „Ich habe noch nie eine Person zu Jesus geführt, die nicht bereits vorher mit dem Evangelium in Kontakt gekommen war."

Jemand hat einmal gesagt, daß ein Christ im Durchschnitt sieben verschiedene Ansprechpunkte hatte, bevor er zu einer Entscheidung für Jesus kam.

Wenn du jemandem von Jesus erzählst, weißt du nicht, wo genau er in diesem Prozeß steht. Die Unterhaltung mag so einzustufen sein: Erster Kontakt, sechs stehen noch aus. Und dann kann es wiederum so sein: Sechsmal gehört, die Person ist bereit, sich zu bekehren.

Ich hörte folgenden Bericht:

Ein junger Christ mit Namen Mark hatte es sich zur Gewohnheit gemacht, jede Woche von Haus zu Haus zu gehen und Evangeliumsschriften zu verteilen. Eines Tages klingelte er an einem Haus, aber es kam keine Antwort. Mark konnte jedoch innen schlürfende Schritte hören, die anzeigten, daß jemand zu Hause war. So fuhr er fort zu klingeln.

Nachdem er ein paarmal geklingelt hatte, öffnete schließlich ein Mann die Tür, nahm das Traktat in Empfang und schlug die Tür wieder zu, ehe Mark überhaupt eine Chance hatte, ihm einen schönen Tag zu wünschen. Mark bat Gott, daß Er das Herz dieses Mannes für die Evangeliumsbotschaft empfänglich mache und ging dann zum nächsten Haus weiter.

Eine Woche später kam Mark zum Nacharbeitsbesuch in dieselbe Gegend. Er zögerte etwas vor dem Haus, bei dem er letzte Woche so kurz abgefertigt worden war, holte tief Luft und klingelte.

Diesmal wurde unverzüglich geöffnet, und zu Marks Überraschung hieß ihn der Mann überaus freundlich, ja enthusiastisch, willkommen. Der Mann zog Mark praktisch ins Haus und führte ihn die Stufen hoch zum Dachgeschoß. Was Mark dort sah, verschlug ihm den Atem: Von einem Balken hing ein Seil mit einer Schlinge herab und eine Holzkiste stand darunter.

„Freund", sagte der Mann aufgeregt, „als sie letzte Woche klingelten, hatte ich meinen Kopf schon in der Schlinge. Ich war bereit, mich zu erhängen. Aber sie waren so beharrlich im Klingeln, daß ich mich entschloß, doch hinunterzugehen und zu sehen, wer es war. Dann entschied ich mich auch, das kleine Traktat zu lesen, denn der Titel war so ungewöhnlich. Gott sprach durch dieses Traktat zu mir. Anstatt mich aufzuhängen, kniete ich nieder und übergab mein Leben Jesus. Ich habe Ihnen zu verdanken, daß ich noch lebe!"

Nicht alle von Gott vorbereiteten Situationen sind so dramatisch. Aber ob nun dramatisch oder nicht, wir dürfen sie erfahren. In den Jahren, seit ich gläubig geworden bin, habe ich vielen Hunderten von einfachen Leuten Zeugnis gegeben, aber ich bin auch auf einen ehemaligen Präsidenten der Vereinigten Staaten gestoßen, auf drei bekannte Football-Spieler, den Präsidenten meiner Alma Mater (dem ich bereits vor 14 Jahren mein Zeugnis gegeben hatte), zwei bekannte Nachrichtensprecher, verschiedene Rockmusik- Stars und, wie ich schon berichtet habe, einem der geachtetsten Filmschauspieler Hollywoods.

Warum darf ich solche Erfahrungen machen? Einmal, weil ich sie erwarte. Ich weiß, wie sehr die Predigt des Evangeliums auf Gottes Herzen liegt. Ich weiß, wie sehr Er daran interessiert ist, daß der Missionsauftrag erfüllt wird.

Ich weiß, wie sehr Ihm daran liegt, Seine Diener in Kontakt mit den Personen zu bringen, deren Herzen Er vorbereitet hat, die Botschaft des Heils zu empfangen. Und als Sein gehorsamer Diener erwarte ich einfach, daß Er Gelegenheiten für mich arrangiert und mich in Situationen hineinmanövriert, in denen ich Sein Botschafter sein darf.

Immer, wenn ich mit jemand mehr als ein paar Augenblicke zusammen bin und eine freundliche Unterhaltung möglich ist, versuche ich mich selbst zu fragen: „Ist dies eine gottgeschenkte Gelegenheit? Möchte Gott jetzt, daß ich Seine Botschaft an diesen Menschen weitergebe?" Oft lautete die Antwort: „Ja!"

Wenn die Zeit ein längeres Gespräch nicht erlaubt, gebe ich einfach ein Traktat weiter, das ich mir vor Jahren drucken ließ. Es enthält mein persönliches Zeugnis. Ich lade die Menschen ein, auf diese Weise meine Lebengeschichte kennenzulernen. Nachdem ich viele Jahre meinen Glauben auf diese Art weitergegeben habe, waren es nur wenige Leute, die mich abgewiesen haben. Über

Zehntausend haben entweder zugehört oder dieses interessante Traktat nach Hause mitgenommen.

Der zweite Grund, warum ich glaube, daß Gott mich in solche Begegnungen führt, ist, daß Er um meine Bereitschaft weiß. Ich bin immer bereit, das Evangelium weiterzugeben. Und natürlich nicht nur an bekannte Sportler und Filmstars. Die meisten meiner evangelistischen Erfahrungen mache ich mit Nachbarn, Verwandten, Klassenkameraden oder mit dem Mann auf der Straße, mit dem Gott mich in Kontakt bringt.

Was bedeutet es, auf das Weitersagen der frohen Botschaft vorbereitet zu sein? Zuerst bedeutet es, daß ich die Basis des Evangeliums kenne und daß ich geübt bin, es in einer Form auszudrücken, die der andere schnell und leicht versteht.

Es gibt viele Publikationen, die diesem Anliegen nachkommen. Die bekannteste ist „Die vier geistlichen Gesetze" von Campus Crusade for Christ. Dann gibt es den „Zweifragen-Test" oder die „Brücken-Darstellung", die von den Navigatoren herausgebracht wurde, und andere.

Ich ermutige dich hiermit, eine dieser Standard-Einführungen in das Evangelium auswendig zu lernen oder eine eigene Form zu entwickeln. Übe sie dann mit einem Freund ein, bis du sie zuversichtlich, klar und schnell vortragen kannst.

Zweitens solltest du lernen, wie du am besten das weitergeben kannst, was der Herr in deinem eigenen Leben getan hat. „Jemand mit Erfahrung", sagt man, „ist immer dem überlegen, der nur mit Argumenten kommt."

Dein persönliches Zeugnis ist oft die einfachste und wirkungsvollste Art, Christus zu bezeugen. Und das kann so leicht geschehen. Nimm ein Blatt Papier und teile es in drei Teile. In den ersten Abschnitt schreibst du einige der wichtigsten Aspekte deines Lebens, bevor du es dem Herrn übergeben hast. Im mittleren Abschnitt erwähnst du die Hauptgedanken und Ereignisse, die dich zu der Entscheidung für Christus führten. Im dritten Teil berichtest du dann von den wichtigsten Dingen, die Jesus in deinem Leben getan hat, seit du Ihm nachfolgst. Das ist, kurz gefaßt, dein Zeugnis.

Feile an deinem Zeugnis und übe es mit einem Freund so lange ein, bis du es leicht und natürlich in ungefähr drei Minuten weitergeben kannst. Vielleicht könntest du stundenlang aus deinem Leben erzählen, aber du wirst sehr selten soviel Zeit mit einer

Person, die du neu kennengelernt hast, zur Verfügung haben. Drei Minuten sind genug für den Anfang. Du kannst später immer noch mehr Details einfügen.

Vermeide solch christliches Vokabular, unter dem sich ein Unbekehrter schlecht etwas vorstellen kann: „Bist du gerettet? Bist du erlöst? Folgst du dem Lamme nach? Lebst du in der Hingabe?"

Manchmal hast du in einer Begegnung, wie z. B. bei meinem Zusammentreffen mit Charlton Heston, nicht einmal drei Minuten Zeit. Für solche Fälle ist es sehr hilfreich, das persönliche Zeugnis in gedruckter Form bei sich zu haben. Mancher mag mehr auf deine Botschaft achten, wenn er sie zu Hause lesen und darüber nachdenken kann.

Und vielleicht findest du, daß es weniger Mühe macht, einen Zettel weiterzugeben, als eine Unterhaltung zu beginnen, besonders wenn du noch am Anfang stehst.

Ich weiß, was du denkst: „Trakate! Auch das noch! Diese schäbigen Zettel, die meistens vorne wenig ansprechende Sätze wie 'Bist du gerettet' als Überschrift haben!" Nein, ich meine gefällig aufgemachte, farbige Traktate mit Titeln wie: „Von der Schwelle des Selbstmords zurückgerissen", „Die Suche", „Hunger nach Leben" oder so ähnlich.

Das Traktat meiner Frau trägt die Überschrift „Ist es möglich, noch einmal von vorn anzufangen?" Vorn ist ein Foto aus der Zeit vor ihrer Bekehrung, wo sie unzufrieden dreinblickt und ihre Augen leer zu sein scheinen. Hinten ist ein neues Foto, wo man sie im Kreis der Familie sieht. Die Veränderung ihres Aussehens ist offensichtlich. Ihre Lebensgeschichte bildet den Mittelteil des Traktats.

Über die Jahre habe ich immer wieder erlebt, wie Menschen deshalb zu Jesus kamen, weil jemand ihnen das Evangelium in einfacher, wirksamer Weise mitgeteilt hat.

Achtest du auf die göttlichen Fügungen im Alltag? Bist du vorbereitet, wenn sie auf dich zukommen? Oder hast du plötzlich eine geistliche Ladehemmung, die dich daran hindert, diese von Gott bereitete Gelegenheit zu nützen?

Wir müssen bereit sein für Gottes Gelegenheiten! *„Wandelt in Weisheit gegenüber denen, die draußen sind; kauft die gelegene Zeit aus!"* ermahnt uns Paulus in Kolosser 4,5. Was sagst du dazu? Bist du bereit, das Meiste herauszuholen aus den Gelegenheiten, die Gott dir verschafft?

Der große Entfesselungskünstler Houdini wußte um die Wichtigkeit des Bereitseins und des Umgangs mit der Zeit. Er gab atemberaubende Vorstellungen. Eimmal befreite er sich aus einer Kiste, die auf dem Grund des New Yorker Hafens angekettet war. Er befreite sich aus Zwangsjacken, mitten in der Luft hängend. Er befreite sich von dicken Seilen, mit denen er an einen Pfahl gefesselt war, während ringsherum Kerosin brannte. Er hatte Nerven wie Stahl.

Eines Tages ging er auf eine Herausforderung ein und erlaubte einem Boxer, ihm mit aller Kraft auf den Magen zu schlagen. Als der Boxer plötzlich zuschlug, war Houdini mit der Vorbereitung um Sekundenbruchteile zu spät. Er taumelte, aber es gelang ihm, wieder Haltung anzunehmen: „Nicht so", hustete er, „ich muß erst fest sein. Nun schlag mich!"

Der Boxer schlug wieder zu. Diesmal prallte seine Faust ab wie von einer Granitwand.

Zehn Tage später starb Houdini an den Verletzungen, die er durch den ersten Schlag des Boxers erlitten hatte, als er unvorbereitet getroffen worden war.

„Seid allezeit bereit zur Verantwortung vor jedermann, der von euch Rechenschaft fordert über die Hoffnung, die in euch ist" (1. Petrus 3,15).

Lebst du im Heiligen Geist ein Leben, das göttliche Gelegenheiten erwartet? Oder meinst du, evangelistisch tätig zu sein sei nichts für dich? Wenn letzteres der Fall sein sollte, lies weiter: Gott hat eine Botschaft für dich!

5. Kapitel

Jeder Christ soll evangelistisch tätig sein

Ist dir das schon aufgegangen?

An einem Wochentag, vormittags. Du hast die Kinder für die Schule fertiggemacht. Sie haben bereits das Haus verlassen. Du hast das Frühstücksgeschirr abgewaschen und bist dabei, mit dem Staubsauger durch die Wohnung zu gehen. Da klingelt es. Zwei gut angezogene Männer im schwarzen Anzug und tadellosem weißen Hemd stehen an der Tür. „Guten Morgen", grüßen sie lächelnd. Es sind Mormonen.

Oder: Es ist Samstag nachmittag. Du willst gerade das Auto waschen. Da erscheinen zwei Frauen mittleren Alters auf dem Hof. Sie fragen, in welche Kirche du gehst und ob du interessiert bist, mit ihnen über wichtige geistliche Themen zu sprechen. Du wirfst einen Blick auf die Zeitschriften, die sie unter dem Arm tragen: „Der Wachtturm".

Als ich auf einer Konferenz in England sprach, bei der über 3000 Personen anwesend waren, fragte ich meine Zuhörer, wie viele von ihnen schon von Mormonen oder Zeugen Jehovas angesprochen oder besucht wurden. Praktisch alle hoben die Hände.

Dann fragte ich, wie viele von echten Christen angesprochen oder besucht worden waren, von Personen, mit denen sie nicht schon vorher bekannt waren. Diesmal hoben nur etwa 70 Personen die Hände.

Siebzig von Dreitausend! Es wäre ja schön, wenn diese Konferenz nicht typisch für die Christen allgemein gewesen wäre. Aber dem war doch so. Umfragen bestätigen, daß beinahe 90 Prozent aller Kirchenbesucher nie jemand zu Christus geführt haben. Wenn nur 10 Prozent evangelistisch tätig sind, ist es verständlich, daß nur wenig erreicht wird.

Damit wir uns recht verstehen: Ich sage nicht, daß wir die Methoden der Mormonen oder der Zeugen Jehovas kopieren sollten, aber als Botschafter Christi müssen wir alles tun, um dem großen Missionsauftrag nachzukommen, damit die Verlorenen mit der frohen Botschaft erreicht werden.

Wir alle müssen bereit sein, das Evangelium in natürlicher, liebevoller Weise weiterzugeben, wenn der Heilige Geist uns dazu Gelegenheit gibt. Außerdem sollten wir alle gemeindlichen Bemühungen in Mission und Evangelisation unterstützen, ebenso der Gemeinde nahestehende Missionswerke, die sich der Verbreitung des Evangeliums annehmen, sowohl hier als auch in fernen Ländern.

Und wir sollten beten, daß der Herr Arbeiter in Seine Ernte sende und sollten auch selbst evangelistisch tätig sein. Heute, wo der Heilige Geist die Gemeinden erweckt, wird erneut die Dringlichkeit der Evangelisation erkannt, denn derselbe, der *„Kommet her zu Mir“* sagt, sagt auch: *„Gehet hin in alle Welt.“*

Gott will durch uns die Verlorenen erreichen: *„Ich habe euch erwählt und bestimmt, daß ihr hingeht und Frucht bringt“* (Johannes 15,16). Merkst du, wie sehr das dem ersten Gebot ähnelt, das Gott den Menschen gab?: *„Seid fruchtbar und mehret euch“* (1. Mose 1,22).

Alle drei synoptischen Evangelien enden mit dem eindringlichen Ruf zur Evangelisation:

„Darum geht hin und machet zu Jüngern alle Völker“ (Matthäus 28,19).

„Gehet hin in alle Welt und predigt das Evangelium aller Kreatur“ (Markus 16,15).

„Daß gepredigt wird in Seinem Namen Buße zur Vergebung der Sünden unter allen Völkern“ (Lukas 24,47).

Und die Apostelgeschichte fängt da an, wo die Evangelien aufhören: *„Ihr werdet die Kraft des Heiligen Geistes empfangen, der auf euch kommen wird, und werdet Meine Zeugen sein“* (Apostelgeschichte 1,8).

Warum kam der Herr Jesus auf die Erde? Er drückt es selbst so aus: *„Der Menschensohn ist gekommen, zu suchen und selig zu machen, was verloren ist“* (Lukas 19,10).

„Das ist gewißlich wahr und ein Wort, des Glaubens wert, daß

Christus Jesus in die Welt gekommen ist, die Sünder selig zu machen (zu erretten)", schreibt Paulus in 1. Timotheus 1,15.

Was haben die ersten Nachfolger Jesu getan?: *„Sie zogen aus und predigten an allen Orten. Und der Her wirkte mit ihnen und bekräftigte das Wort durch die mitfolgenden Zeichen"* (Markus 16,20).

Sie taten ihren Teil, und der Herr tat Seinen. Und so soll es auch heute sein. Was sollen also du und ich tun? Wir sollen an die Landstraßen, Hecken und Zäune gehen (also zu solchen, die leicht zu erreichen sind, und auch zu jenen, die wir erst suchen müssen), und sie nötigen, hereinzukommen (siehe Lukas 14,23).

Das ist klar ersichtlich, nicht wahr? Nun denn, warum sind es so wenige, die das tun? Was hält uns zurück, dem Beispiel des Herrn zu folgen und in der Kraft des Heiligen Geistes Seinem Auftrag nachzukommen? Warum schalten so viele von uns ab, wenn sie das Wort Evangelisation hören? Es gibt verschiedene Gründe:

Aufschieben

Im Grunde ist es so: Wir schieben etwas auf morgen auf, was wir bereits von gestern auf heute verschoben haben. Viele wissen, daß sie evangelistisch tätig sein sollen, aber im Moment ist es bei ihnen einfach nicht drin. Sie fühlen sich anderweitig zu sehr in Anspruch genommen. Später einmal wird es möglich sein, denken sie.

Jesus hatte für Seine Jünger eindringliche Worte: *„Sagt ihr nicht selber: Es sind noch vier Monate, dann kommt die Ernte? Siehe, Ich sage euch: Hebt eure Augen auf und seht auf die Felder, denn sie sind reif zur Ernte"* (Johannes 4,35). Und in 2. Korinther 6,2 lesen wir: *„Siehe, jetzt ist die Zeit der Gnade, siehe, jetzt ist der Tag des Heils."*

Entmutigt

Vielleicht sind manche entmutigt worden durch oberflächliche evangelistische Einsätze in der Vergangenheit, die sie miterlebten oder an denen sie teilnahmen. Es wurde ein verwässertes Evangelium verkündigt. Oder manche sind durch die reklameartigen

Methoden oder durch schablonenhaftes Vorgehen, dem die Kraft des Heiligen Geistes fehlte, abgestoßen worden.

Das ist etwas für andere, nicht für mich

Evangelistisch tätig zu sein, so meinen manche, ist nur für solche, die einen besonderen Ruf und eine besondere Begabung dafür haben. Tatsache ist jedoch, daß wir alle das Evangelium bezeugen sollen.

Wir mögen nicht das Amt eines Evangelisten haben (Epheser 4,11), aber wir sind alle aufgefordert, Zeugen Jesu Christi zu sein. Nehmen wir das Bild eines Sportereignisses: Es ist keineswegs so, daß wir uns irgendwo auf der Zuschauertribüne niederlassen dürfen und von dort aus die Spieler, die sich auf dem Rasen abmühen, beobachten können. Nein, auch wird sind gefordert, uns einzusetzen. Auch wir sollen Zeugnis für Jesus ablegen.

Stummer Zeuge sein

Joe und Mike waren jahrelang am selben Arbeitsplatz. Dann wurde Mike Christ. Als er Joe dies erzählte, antwortete dieser: „Ich bin schon jahrelang gläubig, wußtest du das nicht?“ Mike antwortete: „Dann bist du der Hauptgrund, warum ich nicht schon früher Christ geworden bin. Ich dachte: ‚Der ist so gut, warum braucht man dann Gott?‘ “ Natürlich ist unser Wandel ein Zeugnis der Gnade und Kraft Gottes. Aber Demonstration ohne Proklamation ist zu wenig.

Erlahmt

Viele, die frisch zum Glauben gekommen sind, haben einen brennenden Eifer, andere mit dem Evangelium zu erreichen. Aber dann kommt der Moment, wo sie darin ermatten und passiv werden. Es geht nun bei ihnen nicht nur darum, den verlorenen Eifer wieder zu erlangen, sondern auch einen Lebensstil zu entwickeln, der auf Dauer in Gang gehalten werden kann.

Gelegentlich ergibt sich Evangelisationsmüdigkeit auch aus

einem anderen Grund. Manche Christen kommen aus Gemeinden, wo große Betonung auf Evangelisation gelegt wird, aber wenig Nachdruck darauf, *„die Heiligen zum Werk des Dienstes zuzurüsten“* (siehe Epheser 4,12). Das Ergebnis ist, daß sie vor lauter Hören einfach abschalten.

Unausgeglichenheit

Ein anderer Fall ist der, die Betonung zu sehr auf Gemeindebau zu legen und dadurch das Erreichen der Verlorenen zu vernachlässigen. Man tröstet sich mit der vernünftig scheinenden Erklärung, daß man erst evangelisieren sollte, wenn man reif genug dafür ist. Aber dazu kommt es dann nie, und sie werden dadurch ihrer Verantwortung gegenüber einer verlorenen Welt nicht gerecht. Jüngerschulung ist wichtig, aber sie darf nicht in der Weise geschehen, daß Evangelisation dabei ausgeschlossen wird.

Stolz

Manche bewerten Evangelisation selbstgefällig als etwas, das vielleicht von frisch zum Glauben Gekommenen getan werden kann, aber weniger von solchen, die schon im Glauben erwachsen sind. Letztere sollten mehr nach den tiefen Dingen Gottes streben, meinen sie. Damit werden aber auch sie dem großen Missionsbefehl ungehorsam.

Manche wiederum meinen, sie hätten mehr einen prophetischen Ruf als einen Ruf zur Evangelisation. Das mag stimmen. Aber was bedeutet schließlich prophetisch? Es bedeutet, Sprecher Gottes zu sein. Und Gott liegt die Verkündigung der Erlösung der Menschen immer am Herzen, ganz bestimmt in der kritischen Zeit, in der wir heute leben.

Koinonitis

Das griechische Wort für Gemeinschaft ist *koinonia*. Manche Gläubigen erfreuen sich so sehr der gegenseitigen Gesellschaft und gehen so sehr in der Gemeinschaft der Mitchristen auf, daß sie ganz den Blick dafür verlieren, daß die Verlorenen erreicht werden müssen.

Dr. C. Peter Wagner, Professor am Fuller Theological Seminary, der auf das Thema Gemeindewachstum spezialisiert ist, nennt dies Koinonitis. Wo sie aufkommt, entwickeln die Leute eine Theologie, die das Aufgeben der Verbreitung des Evangeliums plausibel machen soll: „Gemeinschaft erbaut, gibt Zusammenhalt. Es ist gut, im kleinen Kreis unter sich zu sein. Wir sind auf Qualität aus, nicht auf Quantität!" (Nach der Schrift sollten wir wirklich nach beidem streben.)

Sie fühlen sich von allem bedroht, das Veränderung in ihr „heiliges Nest" bringen könnte. Diese „Infektion" birgt Gefahr. Man muß sie möglichst früh erkennen und dagegen angehen.

Das Fleisch ist schwach

Es ist nicht Gottes Absicht, daß wir in unserer eigenen Kraft das Evangelium bezeugen. Die Schrift zeigt klar, daß uns der Heilige Geist gerade deshalb gegeben ist, damit wir durch Ihn ermutigt und gekräftigt werden. Manche von uns müssen lernen, sich mehr auf den Heiligen Geist und weniger auf die eigenen Mittel zu verlassen.

Fehlende Unterweisung

Ich komme ständig mit Christen in Kontakt, die wissen, daß sie evangelistisch tätig sein sollen und Schuldgefühle entwickeln, weil sie dem nicht nachkommen. Ihr Problem? Ihnen wurde nie gesagt, wie sie es machen sollen!

Etwas Grundwissen und Übung ist unerläßlich. Dabei ist es hilfreich, wenn wir wissen, wie wir den hauptsächlichen Einwänden, die gegen das Evangelium erhoben werden, begegnen können.

Wenn wir Antworten auf legitime Fragen kennen, brauchen wir nicht ständig Angst haben, ratlos dazustehen und aufgeschmissen zu sein. Angst ist ein starkes Abschreckungsmittel vor Evangelisation.

Bedenke: Antworten, die auf der Wahrheit des Wortes Gottes fußen, geben dem Heiligen Geist Gelegenheit, den Sinn des Fragestellers zu erhellen, den der Gott dieser Welt verblendet hat (siehe 2. Korinther 4, 4).

Hier nun ein paar der häufigsten Fragen und Einwände mit Vorschlägen, wie man darauf eingehen kann — aus meiner und aus der Erfahrung anderer, die mit mir dem Herrn dienen:

Was geschieht mit den Menschen, die nie etwas von Jesus Christus gehört haben?

Zuerst müssen wir darauf hinweisen, daß Gott gerecht ist. Römer 2,14-15 führt aus, daß jeder Mensch ein Gewissen hat, das ihm sagt, was recht und unrecht ist. Damit ist ihm ein gewisses Maß an Offenbarung gegeben.

Wenn jemand nie die volle Offenbarung zuteil geworden ist und er niemals vom Herrn Jesus Christus gehört hat, wird Gott denjenigen — da bin ich der gleichen Meinung wie Dr. Billy Graham — nach dem Licht richten, das er hatte.

Wir sollten dabei darauf aufmerksam machen, daß Gott verspricht, die zu belohnen, die Ihn suchen (Hebräer 11,6). Er will Seine Gnade jedem ernsten Sucher zukommen lassen — überall, zu jeder Zeit, sogar auf den entferntesten Inseln und in den unbekanntesten Gegenden.

Dann sollten wir das Augenmerk wieder von denen, die niemals das Evangelium gehört haben, zurück auf die Person richten, mit der wir sprechen. Für sie ist nicht in erster Linie wichtig, was mit denen geschieht, die nie das Evangelium gehört haben, sondern was sie selbst mit dem tut, was sie gehört hat.

Wie kann man wissen, daß es Gott gibt?

Wer hat je von einer Erfindung gehört, die keinen Erfinder hat? Der gesunde Menschenverstand sagt uns, daß die geraden Reihen der Halme auf dem Getreidefeld sich nicht selbst so geordnet haben. Dieselbe Logik kommt zum Tragen, wenn wir die Planeten betrachten, die ihre Bahn um die Sonne ziehen. Der Psalmist erklärt: *„Die Himmel erzählen die Ehre Gottes"* (Psalm 19,1). Die Planung des Universums, das uns umgibt, deutet auf die Existenz eines Planers hin.

Bei einer Person, die diese Gedankengänge nicht überzeugend findet, kannst du das Bild des Erkenntniskreises verwenden. Zeichne einen großen Kreis, der das ganze Wissen im Universum darstellen soll. Laß ihn dahinein einen anderen kleinen Kreis zeichnen, der das ganze Wissen, das er hat, darstellt.

Dann frage: „Ist es nicht möglich, daß Gott tatsächlich existiert, und du nur nichts von Ihm weißt, weil Er sich außerhalb deines Wissenskreises befindet?“ Wenn er diese Möglichkeit einräumt, ist er nicht mehr Atheist, sondern Agnostiker und mag nun eine offenere Haltung bei der weiteren Unterhaltung einnehmen.

Ist Jesus der einzige Weg zu Gott?

Manche Leute erklären, daß es vor allem auf die Aufrichtigkeit des Glaubens ankommt — egal, ob derjenige nun Buddhist, Moslem oder Christ ist.

Mache darauf aufmerksam, daß jemand etwas aufrichtig meinen und damit doch schief liegen kann. Bei der Beschuldigung, daß die Christen Fanatiker seien, weil sie Jesus als den einzigen Weg verkündigen, weise darauf hin, daß es hier um die Wahrheitsfrage geht. Es war Jesus, der selbst sagte: *„Ich bin der Weg, die Wahrheit und das Leben. Niemand kommt zum Vater, denn durch Mich.“* Können wir als Christen anders, als diesen Anspruch ernst zu nehmen?

Die Bibel ist voller Widersprüche und schwer zu verstehen

Zuerst bitte die Person in ruhigem und sanftem Ton, dir einige der Widersprüche aufzuzeigen. Sie wird möglicherweise gar keine nennen können. Die meisten, die diese Behauptung erheben, haben die Bibel selbst nie richtig gelesen, sondern reden einfach nach, was sie gehört haben.

Wenn sie tatsächlich etwas erwähnen, das widersprüchlich zu sein scheint, dann weiche der Frage nicht aus. Beantworte sie ehrlich und so gründlich, wie du kannst. Wenn es dir nicht möglich ist, ausreichend Antwort zu geben, so biete an, daß du dich genau darüber informieren und später darauf zurückkommen willst.

Bezüglich des Einwands, daß die Bibel schwer zu verstehen sei, kannst du ihm bestätigen, daß es tatsächlich Passagen gibt, die nicht leicht zu verstehen sind. Aber wie leicht ist die einfache Botschaft, die uns in Johannes 3,16 gegeben wird, zu verstehen!

Gott ist gut und allmächtig. Weshalb gib es dann das Böse und das Leiden?

Oft gehen die Fragesteller davon aus, daß alles Böse und das Leiden der Welt (Krieg, Armut, Krankheit usw.) Gottes Fehler ist: entweder ist Gott nicht wirklich gut, weil Er erlaubt, daß das Böse fortbesteht, oder Er ist nicht allmächtig, weil Er nicht fähig ist, es zu unterbinden.

Wir sollten darauf hinweisen, daß der Mensch mit einem freien Willen geschaffen wurde. Er kann gegen Gott rebellieren und seinen eigenen Weg gehen. Wieviel Not ist z. B. durch Habsucht und Stolz in die Welt gebracht worden!.

Natürlich hätte uns Gott so erschaffen können, daß wir Ihm automatisch gehorchen und Gutes tun. Aber dann wären wir Roboter, nicht Menschen. Gottes Verlangen war nicht nach Robotern, sondern nach Lebewesen, die Ihn aus freier Wahl lieben.

Gibt es wirklich eine Hölle?

Ja. Jesus sprach mehr über die Hölle als über den Himmel. Die Hölle ist ein wirklicher Ort, und ein Ort der wirklichen Qual (siehe Lukas 16,19-31).

Gott will die Menschen nicht in die Hölle bringen. Männer und Frauen kommen nur in die Hölle, wenn sie sich weigern, Gottes Erlösung in Jesus Christus und damit das ewige Leben anzunehmen.

Wie weißt du, daß Jesus wirklich von den Toten auferstanden ist?

Es gibt viele Leute, die die leibliche Auferstehung Jesu in Frage stellen. Schon am Anfang wurde die Lüge verbreitet, die Jünger hätten Jesu Leib gestohlen (Matthäus 28,11-15). Heute glauben viele Menschen, daß es die ersten Christen waren, die die ganze Geschichte erfanden.

Zwei Tatsachen stehen aber dagegen:

1. Es ist unwahrscheinlich, daß Menschen nur wegen eines falschen Berichts ihr Leben opfern — zehn der zwölf Jünger starben den Märtyrertod.
2. Du und ich und Tausende andere haben eine Lebensveränderung erfahren, die nicht durch Philosophie oder andere Theorien, sondern durch die Kraft des auferstandenen Christus bewirkt wurde. Dein persönliches Zeugnis ist unwiderlegbar.

Ist Jesus Gott?

Der Bibel entnehmen wir, daß Er Gott, der Sohn, ist (Hebräer 1,1-3;9), daß Er Gott von Ewigkeit her ist (Johannes 1,1), daß Er Gott und Heiland ist (Titus 2,13) und daß Er anbetungswürdig ist (Johannes 20,28). Wie C. S. Lewis sagt: Jesus war entweder ein Lügner, ein Irrer oder der Herr über alles.

Wenn wir Sein sündloses Leben betrachten, Seine unvergleichlichen Wunder und Seine Weisheit, steht außer Zweifel, daß Er der große ICH BIN ist (Johannes 8,58. Siehe auch 2. Mose 3,14).

Die Kirche ist voller Heuchler

Unglücklicherweise mag das zum Teil wahr sein. Aber das setzt nicht die Wirklichkeit Jesu Christi außer Kraft. Beachte, daß Jesu Tadel vor allem den religiösen Heuchlern Seiner Tage galt. Es ist wichtig, uns auf Jesus Chrisus auszurichten und nicht auf die, die Ihm fehlerhaft nachfolgen.

Wenn ich anständig lebe, müßte ich doch in den Himmel kommen!

Gottes Maßstab ist nicht relativ, sondern absolut. Gewiß sind einige von uns bessere Leute als andere (viele würden im Vergleich mit Adolf Hitler oder Charles Manson gut dastehen), aber keiner von uns ist vollkommen, und deshalb kann sich keiner von uns aufgrund seiner eigenen Verdienste qualifizieren. Wir können uns nicht selber retten. Nur Jesus kann es.

Es gibt nichts Absolutes

Eine einfache Frage sollte genügen: „Bist du absolut sicher?"

Noch ein paar Hinweise

Wenn du dich in Diskussionen über diese und andere Themen einläßt, erinnere dich an folgende Punkte:

— Vermeide hitzige Streitgespräche (2. Timotheus 2,24).
— Du bist nicht der Mensch, der alle Antworten hat. Wenn du eine Frage nicht beantworten kannst, so gestehe es ein und biete an, daß du mehr darüber ausfindig machen willst. Deine Ehrlichkeit wird mehr ausrichten als eine fadenscheinige, zurechtgeschusterte Antwort.
— Gehe auf den Fragesteller und seine Fragen mit Achtung und aufrichtigem Interesse ein.
— Wandle im Geist. Der Kampf geschieht nicht auf intellektueller, sondern auf geistlicher Ebene. Nur der Heilige Geist kann die Herzen der Menschen überführen und verändern.

Nachdem wir einige Gründe angeschaut haben, warum so viele Christen es versäumen, evangelistisch tätig zu werden, wollen wir auch vor Gott ehrlich gegen uns selber sein. Wir sollten unsere Einstellung überprüfen und erkennen, wo wir nur Gründe vorgeschoben haben, um uns vor der biblischen Verantwortung zu drücken.

Stephan Olford, der bekannte Prediger, sagte: „Es ist charakteristisch für unsere Trägheit im Werk der Evangelisation: Durch geschickte Überlegungen und gute Vernunftgründe sprechen wir uns von der Dringlichkeit der Aufgabe frei und reden uns von ihren Anforderungen an Zeit, Gaben und finanziellen Mitteln heraus. Wir haben es nötig, daß der Heilige Geist uns von allem Unglauben, von Gleichgültigkeit, Vorurteilen und unserer Hartherzigkeit befreit!"

Wenn wir evangelistisch tätig werden, sollten wir unsere Motive überprüfen. Paulus sagt: „*Weil Gott uns für wert geachtet hat, uns das Evangelium anzuvertrauen, darum reden wir, nicht, als wollten wir den Menschen gefallen, sondern Gott, der unsere Herzen prüft*" (1. Thessalonicher 2,4).

Unser Motiv muß es sein, Gott zu gefallen und zur Freude Seines Herzens tätig zu werden, nicht unser Gewissen zu beruhigen, Eindruck auf die leitenden Leute zu machen und die Anerkennung der anderen zu suchen.

Laßt uns den Herrn bitten, daß Er uns für die Situationen, in die Er uns täglich schickt und die Er für uns bereitet hat, wachsam und bereit macht. Laßt uns ebenfalls bitten, daß Sein Mitgefühl und Erbarmen uns ergreifen möge, damit wir wenigstens annähernd den Kummer nachempfinden, den Er über die einzelnen Personen und insgesamt über die Menschheit empfindet, die von Ihm abgefallen ist.

Jesus weinte über Jerusalem und war bekümmert über den geistlichen Zustand Seines Volkes. Paulus war bereit, seine eigene Errettung hinzugeben, wenn nur dadurch sein Volk gerettet würde. Auch Mose bot an, daß sein Name ausgetilgt würde.

Nicht von Schuldgefühlen getrieben, sondern durch Gottes Liebe inspiriert, sollten wir vorangehen und jeden Tag brauchbar für Gott sein. Gott wird unseren Gehorsam belohnen. Wir werden erfahren, wie sich Türen öffnen und wie wir von Gott gegebene Gelegenheiten nutzen können.

6. Kapitel

Auch durch dich will Gott wirken

Hochschulabschluß. Ich erinnere mich daran, als sei es gestern gewesen. Wir standen auf der Bühne. Vierhundert waren wir. Wir alle schüttelten dem Schuldirektor die Hand und konnten das lang erwartete Diplom in Empfang nehmen. Am Ende der Feierlichkeiten sangen wir das Lied: Der unmögliche Traum.

Sind seitdem wirklich schon 14 Jahre vergangen?

Ich hatte Gelegenheit, an die altbekannte Stätte in Cleveland zurückzukehren. Vielleicht kennst du das Gefühl: Du bist erstaunt, daß nach so vielen Jahren alles noch so aussieht. Und doch: Du kannst zwar nicht mit dem Finger auf etwas zeigen, aber irgendwie scheint es dir doch anders zu sein. Verändert — älter. Oder bist es nur du, der sich verändert hat?

„Ah, da ist Bobs Restaurant", dachte ich bei mir selbst, als ich auf dem Weg zur Hochschule daran vorbeifuhr. „Dort war ich öfters, z. B. nach dem Baseball-Training. Vielleicht gehe ich einmal hinein und kaufe mir eine Cola, um Erinnerungen an alte Zeiten aufzufrischen."

Der Zahn der Zeit hatte auch an Bobs Restaurant genagt. Die Plastiksitze, die einst hell und farbig waren, sahen nun abgewaschen und rissig aus. Der Fußbodenbelag war ersetzt worden und paßte jetzt nicht mehr ganz zu den Tapeten. Sogar Bob, eine Statue vor dem Restaurant, hatte etwas frische Farbe nötig.

„Wo mögen sie nun alle sein?" überlegte ich und dachte an die vergangenen Zeiten. Verschiedene Gesichter kamen mir ins Gedächtnis zurück. Früher, wenn ich das Restaurant besuchte, kannte ich die Hälfte der Besucher. Jetzt aber war niemand mehr da, den ich kannte. Ausgenommen . . .

„He, Larry Tomczak, bist du es?“

Es war die Stimme eines Mannes, der allein in einer Nische saß. Unter dem Bart und langen Haar erkannte ich einen Kameraden aus der Abgangsklasse.

„John, Mensch ist das lange her, daß wir uns das letzte Mal sahen! Wie geht es dir?“

„Nicht schlecht, Larry, nein, nicht schlecht. Ja, so vergeht die Zeit! Nimm Platz!“

Ich kam in seine Nische und setzte mich zu ihm. Als wir so ins Gespräch kamen, fragte ich meinen Klassenkameraden: „Du, John, siehst du eigentlich hin und wieder einige aus unserer Klasse?“

“O, manchmal. Ein paar leben hier in der Nähe. Weißt du“, und dabei grinste er ein wenig, „mir scheint es, daß die meisten an einem von vier Plätzen gelandet sind.“

Ich nahm einen Schluck Cola, schaute ihn an und war gespannt, was er nun sagen würde.

„Nun“, begann er, „ich habe den Eindruck, daß es hauptsächlich diese vier Gruppen gibt: die einen enden bei den Drogen, die anderen stecken im Gefängnis, die dritten sind bereits gestorben und die vierten sind solche religiösen Wiedergeburts-Typen geworden!“

Daß ich da aufmerksam zuhörte, war keine Frage. Da waren wir ja gerade beim richtigen Thema! Aber ich war nicht sicher, was ich darauf sagen sollte. So tat ich das einzig Logische unter diesen Umständen: Ich lehnte mich zurück, tat einen tiefen Atemzug und biß in einen Zwiebelring.

„John“, sagte ich schließlich, „was machst du eigentlich?“

Seine Haltung änderte sich sofort. Er war ziemlich fröhlich, solange wir uns über die guten alten Zeiten unterhielten, aber seine gegenwärtige Lage schien ihm nicht zu gefallen.

Als er weiter erzählte, konnte ich verstehen, warum. Er war in Drogen hineingeraten und war wegen Rauschgiftbesitz im Gefängnis gewesen. Aber danach war es ihm gelungen, Sportlehrer zu werden. Er warnte nun seine Schüler eindringlich vor Drogen, er selbst aber brauchte sie.

„Fühlst du dich nicht wie ein Heuchler?“ fragte ich ihn.

Für einige Augenblicke schaute er durchs Fenster auf den vorbeifließenden Verkehr, dann zuckte er mit den Schultern und murmelte etwas vor sich hin, das wie „bin eben einmal in diese Falle geraten“ klang.

Ich stellte ihm noch einige Fragen, wobei ich ihn auch nach seinem Verhältnis zu Gott fragte, aber seine Antwort war enttäuschend: „Ich bin gar nicht sicher, ob es Gott überhaupt gibt!"

„Weißt du, John", begann ich langsam, „dies mag für dich jetzt eine Überraschung sein. Erinnerst du dich, daß du vorher über wiedergeborene Christen sprachst?"

„Ja!"

„Ich bin einer davon! Mein Leben ist durch Jesus Christus verändert worden. Und Er kann auch deines verändern. Hast du schon jemals darüber nachgedacht, was Jesus für dich tun könnte, wenn du Ihm nur eine Chance gäbst?"

Er gab keine Antwort. Nach einigen Augenblicken peinlicher Stille wechselte er das Thema. Es war klar, daß er darüber nicht weiter sprechen wollte. Zumindest hatten wir einen Anfang gemacht. Ich überließ ihm mein persönliches Zeugnis in Traktatform, und er versprach, es einmal anzuschauen.

Ich ging langsam zurück zu meinem Auto und betete, daß der Heilige Geist Johns Herz anrühren möge, damit das, worüber wir gesprochen hatten, und das, was er in dem Traktat las, dazu helfen würde, näher zu Jesus und zu Seiner freisetzenden Kraft zu kommen. Als ich aus meinem Parkplatz herausfuhr, konnte ich ihn immer noch am Fenster sehen.

Diese Begegnung machte mich nachdenklich. Wie stand es um die anderen Klassenkameraden? Nach dem, was John angedeutet hatte, ging es einigen von ihnen gar nicht gut. Ich war innerlich bewegt. Wie konnte man sie mit dem Evangelium erreichen?

Im letzten Kapitel sprach ich hauptsächlich darüber, daß wir als Botschafter Christi die von Gott gegebenen Gelegenheiten beim Schopf packen sollten. Aber hier haben wir einen weiteren Aspekt:

Viele Christen wünschen sich sehr, daß sie erleben könnten, wie ihre Familienmitglieder und Freunde zu Jesus finden. Sie wollen ihnen das Evangelium bringen, aber sie wissen nicht, wo sie beginnen sollen oder haben Angst vor einem Fehlschlag.

Immer wieder höre ich, wie sich Christen Sorgen um die ihnen Nahestehenden machen:

„Larry, mein Sohn ist jetzt strikt gegen die religiöse Erziehung, die wir ihm angedeihen ließen. Er möchte nichts mehr von Jesus hören! Was sollen wir tun?"

„Meine beste Freundin lebt mit einem Mann zusammen. Sie

hat schon eine Abtreibung vornehmen lassen. Was soll ich ihr sagen?"

„Meine Eltern gehen zwar zur Kirche, aber sie scheinen kein persönliches Verhältnis zu Jesus zu haben. Wie soll ich mich verhalten?"

„Meine Freunde verstehen nicht, was mit mir geschah. Wie kann ich ihnen das beibringen?"

Manchmal kann uns die Last, die wir für unsere Lieben haben, beklemmen und Schuldgefühle auslösen. Gott will gewiß, daß wir uns um das geistliche Wohlergehen unserer Lieben kümmern, aber Er will nicht, daß wir uns von dieser Sorge niederdrücken lassen. Er möchte vielmehr, daß wir auch dieses Gebiet im Vertrauen zu ihm angehen und in dem Wissen, daß Ihm deren Errettung noch viel mehr am Herzen liegt als uns. Wir dürfen vertrauen, daß Er in ihrem Leben am Wirken ist.

Meine Frau und ich durften erleben, wie in den letzten zehn Jahren elf Familienmitglieder zum Glauben kamen. Außerdem haben wir erleben dürfen, daß viele unserer Freunde — hier sollte ich einfügen, auch eine Anzahl von Klassenkameraden aus der Hochschule — ihr Leben Christus übergaben.

Gott kann auch im Leben deiner Lieben wirken. Hier sind einige Ratschläge, die dir helfen, mit dem Heiligen Geist zusammenzuarbeiten:

Glaube dem Wort Gottes

Wir müssen ganz davon überzeugt sein, daß Gottes Wort wahr ist, wenn es uns sagt, daß Gott *will, daß allen Menschen geholfen werde und sie zur Erkenntnis der Wahrheit kommen* (1. Timotheus 2,4). Unterstreiche das *allen*. Es gibt keinen, bei dem Gott nicht wünscht, daß er zu Ihm kommt. Das schließt Eltern, Kinder und auch alte Schulfreunde mit ein.

„Aber Larry, du kennst meinen Vater nicht. Er läuft einfach weg, wenn ich etwas von Jesus erzählen will!"

„Aber Larry, du kennst meinen Zimmergenossen nicht. Er will nie etwas anderes, als Marihuana rauchen und ist die ganze Nacht weg. Er lacht mich aus und nennt mich Jesus-Freak!"

Du hast recht, ich kenne die Leute nicht, mit denen du zu tun hast. Aber ich weiß, daß Jesus sie kennt und sie liebt und sie zu sich bringen möchte. Jesus starb für alle, auch für den abgebrühtesten Sünder, der kaum erreichbar scheint.

Bete und faste

Oswald Sanders hat gesagt: „Den meisten Bekehrungen gehen die Gebete gläubiger Christen voraus." Es ist überaus wichtig, daß wir für die Errettung unserer Lieben beten. Schreibe ihre Namen auf und bringe sie jeden Tag vor Gott. Betrachte dich als geistlichen Kämpfer, der die Kräfte des Himmels herabruft gegen die Blindheit, die Verführung und die Herzenshärtigkeit.

Dabei berücksichtige auch mögliche Einflüsse böser Geister (in bezug auf Rebellion, Verführung, Stolz, Intellektualismus usw.) und binde ihr Werk, wie es uns Jesus aufgetragen hat (siehe Matthäus 18,18-19).

Vergiß die anderen Mitarbeiter Gottes nicht

Verfalle nicht in den Fehler zu denken, du seist der einzige, der deine Lieben und Freunde erreichen kann. Erinnere dich daran, daß Jesus sagte: *„Darum bittet den Herrn der Ernte, daß Er Arbeiter in Seine Ernte sende"* (Matthäus 9,38).

Wenn wir für jemand beten, können wir vertrauen, daß Gott Situationen schafft, in denen Seine Beauftragten in Kontakt mit dieser Person kommen. Es ist erstaunlich, mit welchen Mitteln Gott manchmal arbeitet.

Manchmal sind es Freunde und Klassenkameraden, die als Werkzeug dienen, ein andermal sind es Artikel in Zeitschriften, Bücher, Radio- und Fernsehsendungen. Oder Er benutzt, wie bei mir, einen barmherzigen Samariter, der jemand mitnimmt, wenn das Auto defekt ist — um die zu erreichen, die du nicht erreichen kannst.

Drücke deine Liebe konkret aus

Das ist eine der wichtigen Weisen, wie wir die verändernde Kraft Gottes in unserem Leben bezeugen. Reden hat wenig Wert, wenn du das Gesprochene nicht auslebst. Du wirst aber gehört werden, wenn die anderen eine Lebensveränderung feststellen können. Schaue nach Wegen aus, wie du denen dienen kannst, die du erreichen möchtest.

Als ich gerade Christ geworden war, lag es mir so am Herzen, meiner Schwester das Evangelium zu bringen. Sie war skeptisch darüber, daß ich nun religiös geworden war und wollte sich auch in keine Diskussionen mit mir einlassen. Kein Wunder! Sie kannte mich von Kindesbeinen an, und ich war keineswegs ein Beispiel selbstloser Liebe und opferbereiten Dienens gewesen.

Aber als ich sie einlud, mit mir einen Urlaub in Atlantic City zu verbringen und ich ihr versprach, die ganzen Kosten zu übernehmen, wußte sie, daß wirklich etwas verändert war. Das öffnete die Tür. Es dauerte nicht lange, da konnte ich ihr helfen, zu Jesus zu kommen.

Tue den ersten Schritt zur Versöhnung

Eines der Probleme beim Zeugnisgeben an die, die uns schon lange kennen, besteht darin, daß wir in der Vergangenheit durch verletzendes Verhalten, negatives Reden usw. eine ablehnende Haltung beim anderen hervorgerufen haben.

Versöhnung ist nun nicht etwas, das wir anstreben können, wenn es uns liegt, sondern sie ist uns aufgetragen. Es ist eine Tat, kein Gefühl. Gibt es irgendwelche unbereinigten Dinge zwischen dir und Freunden oder Familienmitgliedern? Bringe sie in Ordnung. Übernimm die Initiative und befasse dich mit dem Teil, den du zu der Situation beigetragen hast.

Als meine Schwester und ich unsere Eltern baten, uns unser egoistisches, respektloses und oft rebellierendes Verhalten zu vergeben, wurden viele Hindernisse abgebaut und der Weg für die spätere Bekehrung bereitet.

Bleibe dran

Ausdauer ist wichtig beim Evangelisieren. Manchmal kommen wir schnell voran, aber bei vielen ist es ein Prozeß, der sich über Monate und Jahre hinzieht. Entscheidend ist, daß wir dran bleiben. Wir richten unseren Blick auf Gottes Treue und nicht auf den momentanen augenscheinlichen Mangel an Resultaten.

Laßt uns am Beispiel des Paulus lernen, die rechte evangelistische Einstellung zu gewinnen. In Römer 1,14-16 hält er diesbezüglich drei Dinge fest:

Ich bin ein Schuldner

In anderen Worten: Er hat eine Verpflichtung. Er muß als Botschafter Christi handeln. Paulus schreibt den Korinthern: *„Und wehe mir, wenn ich das Evangelium nicht predige“* (1. Korinther 9,16).

Soviel an mir liegt, bin ich willens . . . das Evangelium zu predigen

Das sollte auch unsere Haltung sein. Wir sollten willig und bereit sein, das Evangelium zu bezeugen.

Ich schäme mich des Evangeliums nicht

Wir brauchen nicht bange zu sein, anderen von Jesus und Seiner Liebe zu uns zu erzählen: *„Denn der in euch ist, ist größer als der, der in der Welt ist“* (1. Johannes 4,4).

Ich bin überzeugt davon, daß der Heilige Geist uns bereit machen will für einen geistlichen Aufbruch in unseren Tagen, bei dem das Evangelium mit großem Nachdruck verkündigt wird und große Auswirkungen zeigt. Eine Betonung liegt besonders auf der geistgeleiteten Evangelisation.

In der sogenannten Lausanner Verpflichtung hielten führende Christen der ganzen Welt folgendes fest:

Wir müssen erkennen, daß von allen tragischen menschlichen Nöten keine größer ist, als die Entfremdung vom Schöpfer und die schreckliche Realität des ewigen Todes für jene, die sich weigern, Buße zu tun und zu glauben. Wir wollen nicht schuldig werden durch fehlendes Mitgefühl, sondern wollen uns der Dringlichkeit der Aufgabe stellen und ihr nachkommen.

In dieser kritischen Zeit der menschlichen Geschichte wollen wir unsere Bestimmung erkennen und nicht der Lüge Satans glauben, daß die Menschen nicht an dem interessiert seien, was wir ihnen anzubieten haben.

Wenn die gesellschaftlichen Ordnungen mehr und mehr zusammenbrechen, werden die Menschen desto fragender und empfänglicher für die Botschaft, die wir ihnen bringen und die wir ausleben. Die Leute wollen nicht nur Religion, sie wollen Realität: Die Realität, die doch nur in Jesus Christus gefunden werden kann.

Ich bin überzeugt, daß in unserer Zeit die Wirkungen des Heiligen Geistes besonders spürbar werden und sich viele Menschen dem Evangelium öffnen.

So laß dich nicht von Furcht niederdrücken oder durch momentane Rückschläge entmutigen. Laß dich einreihen in den endzeitlichen Stoßtrupp Gottes, durch den Er die Welt erreichen will. Die Verbreitung des Evangeliums soll vorangehen — auch durch dich!

Teil III

Von Gott gegebene Möglichkeiten: daß wir Wunder erleben können

„Danach setzte der Herr
weitere 70 Jünger ein und sandte sie je zwei und zwei
vor sich her in alle Städte und Orte,
wohin Er gehen wollte, und sprach zu ihnen:
‚... heilt die Kranken, die dort sind, und sagt ihnen:
Das Reich Gottes ist nahe zu euch gekommen‘ “
(Lukas 10,1-2;9).

7. Kapitel

Mit nachfolgenden Zeichen

Es war an einem Sonntagmorgen. Doris und ich hatten unsere vier Kinder ins Auto verfrachtet und fuhren zur Gemeinde. Wir waren früher abgefahren, damit sich die Kinder noch etwas beruhigen und ich mich noch ein paar Dingen widmen konnte, bevor der Gottesdienst begann.

Nach einiger Zeit bemerkte ich Unruhe im Versammlungsraum und hörte Schritte, die zu meinem Büro kamen.

„Larry, komm schnell." Ein junger Mann stand an der Tür, blaß und erschreckt. „Es ist der Vater von Doris. Er ist ..."

Ich wartete nicht auf den Rest, sondern rannte in den Versammlungsraum, wo sich eine Gruppe von Menschen gebildet hatte. Ich sah, wie mein Schwiegervater am Boden lag. Er war bewußtlos.

„Er ist gerade zusammengebrochen, Larry", sagte jemand. Doris und ihre Mutter standen daneben und beteten.

Während wir auf den Krankenwagen warteten, legten wir die Hände auf Vater und beteten das Gebet des Glaubens (siehe Jakobus 5,15). Wir glaubten, daß Gott ihn wieder ganz gesund machen würde.

Die Krankenpfleger trafen ein und wurden tätig. Eine Krankenschwester, die zu unserer Gemeinde gehörte, faßte mich mit bleichem Gesicht am Arm: „Ich kann keinen Puls mehr finden, Larry."

Vater wurde auf eine Trage gelegt. Auf dem Weg zur Tür fragte Doris: „Wird mein Vater durchkommen?"

„Es sieht nicht gut aus", antwortete einer. „Es tut mir leid, es sieht gar nicht gut aus!"

Doris und ihre Mutter fuhren im Krankenwagen mit zur Klinik, während ich zurückblieb und die Gemeinde im Gebet leitete. Wir wurden eins, die Verheißungen Gottes bezüglich der Heilung der Kranken in Anspruch zu nehmen.

Wir baten Gott, diese Verheißungen an Doris Vater zu erfüllen. Wir richteten uns nicht nach den beunruhigenden Umständen, sondern vertrauten Gottes Treue und erhoben unsere Stimmen in einem Chorgesang des Lobpreises und Danks.

Ich weiß bis heute nicht, was, medizinisch gesehen, mit Vater damals geschah. Die Krankenpfleger nahmen an, daß mit dem Herzen etwas nicht stimmte. Aber die späteren Untersuchungen bestätigten das nicht.

Auf jeden Fall war es so, daß Vater bereits am übernächsten Tag aus der Klinik entlassen wurde und am Samstag, nicht einmal eine Woche nach dem Zusammenbruch, schon wieder seine wöchentliche Runde Golf spielte. Wie gesagt, ich weiß nicht, was, medizinisch gesehen, geschah, aber ich weiß eines: Gott heilte ihn.

In unserer Zeit, wo viele Gemeinden ein geistliches Erwachen erleben, will Gott zeigen, daß Er sowohl geistlich als auch leiblich für uns sorgt und auch heute noch tun kann, was Er in der Urgemeinde tat.

Er möchte das Evangelium mit Seiner Kraft bestätigen und Zeichen und Wunder tun. Er schaut nach Menschen aus, die diese Dimension mit einbeziehen, wie es die ersten Jünger taten.

Ich hatte das Vorrecht, bei verschiedenen Gelegenheiten sowohl Zeuge des übernatürlichen Eingreifens Gottes zu sein, als auch als Sein Instrument dabei zu dienen und durfte Zeichen, Wunder, Heilungen und Kraftwirkungen erleben.

Aber das war nicht immer so. Ja, die erste Berührung mit diesem Bereich kam völlig unerwartet. Es war 1974, als ich Redner auf einer Veranstaltung, die unter der Bezeichnung „Jesus 74" lief, war. Sie fand in der Nähe der Stadt Mercer in Pennsylvania statt. An die 20 000 junge Leute kamen, so daß die Seitenwände des großen Zeltes geöffnet werden mußten, und viele von außen her zuhörten.

Während ich redete, fühlte ich so etwas wie eine elektrische Spannung, die nicht nur auf mein Reden oder die Energie meiner meist jungen Zuhörer zurückzuführen war. Es war einfach die Gegenwart der Kraft Gottes, die damals so stark zu spüren war.

In den Tagen und Wochen, die folgten, kamen von überall Zeugnisse über das, was dort geschehen war: Taubheit geheilt. Krücken abgelegt. Blindes Auge geheilt. Lange Zeit bestehende Leiden verschwunden.

Meine Haltung? Ich war ganz überwältigt. Als die Veranstaltung zu Ende war, bahnte ich mir meinen Weg durch die Menge und eilte zurück in mein Hotelzimmerr. Zitternd ging ich auf meine Knie und schüttete Gott mein Herz aus:

„Herr, ich weiß nicht, ob Du mich für diese Dinge brauchen kannst. Ich meine, ich möchte alles, was Du für mich hast, und ich will Dir alle Ehre geben für das, was Du tust, aber ich fühle mich ziemlich ungeeignet."

Es war nicht das mutigste Gebet, aber von da an rechnete ich mehr und mehr mit Gottes Eingreifen in meinem Dienst. Ich habe in einem Ordner viele Briefe abgelegt, in denen mir mitgeteilt wurde, daß als Gebetsantwort Heilung stattgefunden hat.

In einer Ecke meines Büros habe ich eine ansehnliche Sammlung von Stöcken, die von Lahmen und Verkrüppelten stammen, die geheilt wurden.

An viele dieser Wunderwirkungen Gottes kann ich mich noch erinnern. Eine betrifft einen Mann namens Wesley. Vor einigen Jahren besuchte er eine Veranstaltung in Tulsa. Es waren meist junge Leute, so daß er sich als älterer Herr etwas deplaziert vorkam. Er hatte vier schwere und acht leichtere Herzattacken erlitten und mußte starke Medikamente nehmen. Der Kardiologe hatte ihm gesagt, daß er nur von einem Patienten wußte, der eine noch stärkere Dosis bekam.

Während der Veranstaltung merkte ich, wie der Heilige Geist zu mir sprach: „Larry, ich möchte Wesley heute nacht durch ein Wunder heilen. Sag es dem Leiter der Versammlung und laß die Leute dafür beten."

Mir sank das Herz. Auch heute noch erbebt in mir ein Teil, wenn Gott solches tut. Aber der andere Teil begann mit Gott zu argumentieren: „Aber Wesley ist alt und schon so lange krank. Sogar jetzt steht er unter der Wirkung von Medikamenten, das kann man ihm ansehen. Außerdem (jetzt kam die wirkliche Besorgnis) sind zweitausend Menschen hier. Was geschieht, wenn nichts passiert? Mein Ruf steht auf dem Spiel!"

Aber die innere Stimme verstärkte sich. Ich hatte dieses Wort in meinem Geist: „Ich möchte Wesley heute nacht durch ein Wunder heilen. Tust du, was ich Dir sage?"

Ich mußte schlucken. Dann ging ich auf den Leiter der Versammlung zu und berichtete ihm, was ich tun wollte. Er sagte es den Versammelten, und alle begannen zu beten. Was dann geschah, beschreibt Wesley selbst am besten:

„Als alle im Gebet waren, spürte ich plötzlich, daß Gottes Geist auf mich kam. Ich fühlte mich wie vom Blitz getroffen und empfand eine Hitze in meiner Brust. Dann übermannte mich die Freude!"

Und er hatte Grund dafür: er war geheilt worden. Heute fährt er zur Verblüffung des Kardiologen täglich mit dem Fahrrad 10 km.

Durch diesen Vorfall habe ich eine Lektion gelernt. Nämlich die, einfach gehorsam zu sein, wenn Gott uns für den Bereich des Übernatürlichen Anweisungen gibt und zum Vorgehen aufruft. Oft ist es allerdings nicht leicht.

Vor zwei Jahren sprach ich zu einer Gruppe von jungen Leuten, als ich spürte, wie der Heilige Geist zu mir sprach. Er sagte mir, daß sich in der Zuhörerschaft ein junges Mädchen befand, das schwanger war und in der nächsten Woche eine Abtreibung vornehmen lassen wollte. Ich sollte sie bitten, die Entscheidung zur Abtreibung zurückzunehmen und um Gottes Hilfe zu bitten, das Kind auszutragen.

Ich teilte dies den Versammelten mit: „Es ist heute abend ein junges Mädchen unter uns — ich kenne ihr genaues Alter nicht —, aber sie ist schwanger und plant, nächste Woche eine Abtreibung vornehmen zulassen: Gott möchte, daß du erkennst, daß Er dich und dein Baby liebt und dir helfen möchte. Er möchte, daß du jetzt etwas Mutiges tust, nämlich daß du nach vorn kommst und Seine Liebe, Vergebung und Hilfe empfängst."

Ich wartete einige Augenblicke. Keine Reaktion! Der Teufel versuchte, mir einzuflüstern: „Du hast dich blamiert, du Dummkopf!" Ich wiederholte die Einladung nochmals. Immer noch keine Antwort. (Der Teufel: Die Leute denken, du bist ein Spinner!) Ich holte tief Luft und wiederholte die Worte ein drittes Mal.

Zum Schluß stand ein junges Mädchen auf und kam langsam vor zur Bühne. Das war der Beginn eines langen und manchmal schwierigen Prozesses der Seelsorge und des pastoralen Beistands. Aber Gott war treu. Heute liegt ein Foto eines zwei Jahre alten Jungen in meiner Schreibtischschublade, dessen Leben aufgrund dieser göttlichen Liebeszusage gerettet wurde.

Noch viele andere Male bin ich auf solch ein Wort der Erkenntnis (siehe 1. Korinther 12,8) eingegangen und habe gesehen, wie Gott Großes tat. Aber ich möchte dir auch gestehen, daß es nicht immer so war. In manchen Fällen bin ich genauso im Glauben vorwärts gegangen und mußte scheinbar einen Fehlschlag verzeichnen.

Natürlich besteht die Möglichkeit, daß das Wort der Erkenntnis richtig war, und der Betreffende einfach Angst hatte, sich zu melden und darauf einzugehen. Nicht selten kam es vor, daß mich jemand nach der Versammlung ansprach und mir persönlich sagte: „Das Wort war für mich!" Aber manchmal habe ich einfach versagt.

„Unser prophetisches Reden ist Stückwerk" (1. Korinther 13,9). Ich habe mich entschieden, daß ich einfach die Tatsache akzeptieren muß, daß ich Fehler mache, obwohl ich Gott gehorchen will. Ich glaube, Gott hat es lieber, daß wir etwas tun und vielleicht dabei versagen, als daß wir aus lauter Furcht vor dem Versagen gar nichts mehr tun. Gott kann unsere Fehler ausbügeln.

Wenn wir auf die Gelegenheiten eingehen, die Gott für uns arrangiert hat, lernen wir es mehr und mehr, uns auch im Bereich des Übernatürlichen zurechtzufinden.

Jesu Leben und Dienst war mit Wundertaten ausgefüllt, von der Jungfrauen-Geburt bis zu Seiner Auferstehung und Himmelfahrt.

Der Dienst der Jünger war ebenfalls von Wunderwirkungen begleitet: *„Er (Jesus) gab ihnen Gewalt und Macht über alle bösen Geister, und daß sie Krankheiten heilen konnten"* (Lukas 9,1-2).

Den ersten Christen waren Wunder nicht fremd, auch das Volk wußte um sie. Paulus bezeugt, was er gesagt und getan hatte: daß Christus durch ihn gewirkt hat *in der Kraft von Zeichen und Wundern und in der Kraft des Geistes Gottes"* (Römer 15,18-19).

Von Philippus wird berichtet: *„Und das Volk neigte einmütig dem zu, was Philippus sagte, als sie ihm zuhörten und die Zeichen sahen, die er tat. Denn die unreinen Geister fuhren aus mit großem Geschrei aus vielen Besessenen, auch viele Gelähmte und Verkrüppelte wurden gesund gemacht"* (Apostelgeschichte 8,6-7).

Stephanus wird als ein Mann *voll Gnade und Kraft* beschrieben, der *Wunder und große Zeichen unter dem Volk* tat (Apostelgeschichte 6,8).

Die Gemeinde ist ein übernatürlicher Organismus, dem Wesen

nach keine natürliche Organisation. Deshalb ist es verständlich, daß es Gottes Absicht ist, daß sie nicht allein auf der natürlichen Ebene tätig wird.

Wenn du die Seiten aus dem Neuen Testament herausnimmst, wo von Wundern die Rede ist oder auf sie bezug genommen wird, bleibt nicht viel übrig. Wenn du das Übernatürliche aus dem Christentum verbannst, verliert es Kraft und Anziehungsfähigkeit.

In der Schrift dienen Heilungen und Wunder als Zeichen: sie demonstrieren die Realität der Liebe und Kraft Gottes und beweisen einer ungläubigen Welt, daß die Botschaft des Evangeliums wahr ist.

Sie dienen in unseren Tagen demselben Zweck. Die Menschen sind offen für das Übernatürliche. Wenn sie es nicht bei den Christen entdecken können, wenden sie sich an satanische Nachäffungen: Spiritismus, Astrologie, Okkultismus, drogenbewirkte Erfahrungen usw. Satan bewirkt so eine pervertierte Befriedigung dieser menschlichen Sehnsucht.

Die Weltbevölkerung, so schätzt man, wächst täglich um 140 000 Menschen. Das sind im Jahr 50 Millionen. Die weltweite Aufgabe der Gemeinde Jesu ist also enorm. Sie wird nicht ohne Wunderwirkungen erledigt werden können.

In der ganzen Geschichte der Christenheit geschah die wirksamste Form der Massenevangelisation immer durch Zeichen und Wunder. Ein einziges Wunder ist manchmal effektiver als Millionen von Mark, die in Werbung gesteckt werden. Ein Wunder kann mehr Skeptiker entwaffnen, als eine Bibliothek voll apologetischer Bücher.

Laßt uns nicht mit weniger als dem echten neutestamentlichen Christentum zufrieden sein, das durch die wunderwirkende Kraft Gottes bestätigt wird. Anstatt unseren intellektuellen Fähigkeiten zu vertrauen, laßt uns dem Beispiel des Apostels Paulus folgen, der den Korinthern schrieb:

„Mein Wort und meine Predigt geschahen nicht mit überredenden Worten menschlicher Weisheit, sondern in Erweisung des Geistes und der Kraft, damit euer Glaube nicht auf Menschenweisheit stehe, sondern auf Gottes Kraft“ (1. Korinther 2,4-5).

Aber ist es nicht selbstsüchtig oder sensationslüstern, sich Wunder und Kraftwirkungen zu wünschen? Absolut nicht! Als Petrus Jesus auf dem Wasser gehen sah, wollte auch er das tun. Jesus rügte ihn nicht, sondern ermutigte ihn dazu. Jesus tadelte nur, daß sein Glaube später ins Wanken geriet.

Jesus sagt: *„Die Zeichen aber, die denen folgen werden, die glauben, sind diese: In Meinem Namen werden sie böse Geister austreiben, in neuen Zungen reden ... auf Kranke werden sie die Hände legen, so wird es besser mit ihnen werden“* (Markus 16, 17-18).

Glaubst du das? Wenn ja, dann sagt dir Gott, daß du mit solchen Wundern rechnen sollst.

1945 ging T. L. Osborn als Missionar nach Indien. Man gab ihm den Rat, zuerst die Sprache zu lernen, freundlich zu sein und für die ersten drei Jahre keine Resultate zu erwarten. Er versuchte, diesen Rat zu beherzigen und ging schließlich als enttäuschter Mann nach Hause zurück.

In seiner Verzweiflung rief er zum Herrn, der ihm den Auftrag gab: „Wage es, aufgrund Meines Wortes zu handeln.“ Osborn gehorchte. In seinen 30 Dienstjahren hat Osborn das Evangelium in ungefähr 70 Ländern verkündigt und göttliche Bestätigung durch Zeichen und Wunder erfahren.

Osborn erklärt das Fehlen der Kraftwirkungen in weiten Teilen der Christenheit wie folgt:

— Obwohl die wunderwirkende Kraft Gottes und die Gaben des Heiligen Geistes klar in der Bibel gelehrt werden, gehen viele verantwortliche Leiter nicht darauf ein und akzeptieren dies für die heutige Zeit nicht. Da sie keinen Glauben dafür aufbringen, predigen sie auch nicht darüber.
— Wenn die Gemeindeglieder nicht um diese Wahrheit wissen, können sie auch keinen Glauben dafür aufbringen.
— Wo eine Atmosphäre geringen oder ganz fehlenden Glaubens herrscht, werden nur wenige Wunder geschehen (siehe Markus 6,5-6).
— Wo wenige oder gar keine Wunder geschehen, zieht das Evangelium nicht viele Ungläubige an.

Das Ergebnis: Gesalbte Prediger gehen der mächtigen Bestätigung ihrer Botschaft verlustig und die Verherrlichung Gottes unterbleibt.

Es steht kein Wort davon in der Bibel, daß Wunder nur für den Anfang der Gemeinde gebraucht wurden, aber später nicht mehr nötig seien. Die Kraft Gottes steht uns zur Verfügung, wie sie den Gläubigen damals zur Verfügung stand. Der Grund, warum wir so wenig Erfahrungen damit machen, ist der, daß man vielerorts zufrieden ist ohne sie. „*Und Er konnte dort keine Wunderwerke tun, außer daß Er wenigen Schwachen die Hände auflegte und sie heilte*“ (Markus 6,5-6).

Heute, wo der Heilige Geist mehr und mehr die Erwartung für Gottes Wunderwirkungen weckt, wollen wir über die ganze Kraft Gottes predigen. Laßt uns die Überzeugung, die aus Gottes Wort kommt, übernehmen, auch für den Bereich der Wunder. Das ist ein uns von Gott gegebener Auftrag für die Generation, in der wir leben.

Wirst du einer der Christen der Endzeit sein, die Gottes Wort Glauben schenken bezüglich der Kraftwirkungen Gottes? Willst du diesbezüglich Werkzeug Gottes sein und lebst du in der Erwartung, daß Gott Seine Kraft durch dich fließen läßt? Bist du bereit, den Preis zu zahlen, daß Gott durch dich übernatürlich wirken kann? Gott möchte auch durch dich Wunder wirken!

8. Kapitel

Den Preis zahlen

Heilungen, Prophetie, Worte der Erkenntnis, Wunder, all das und mehr soll Teil des Schatzes der Gemeinde werden, den sie in der Auseinandersetzung mit der Welt, dem Fleisch und dem Teufel zum Einsatz bringt. Doch wie sollen wir uns verhalten, daß sie Teil unserer persönlichen Erfahrung werden?

Die Schrift sagt uns, daß wir uns um die geistlichen Gaben bemühen (Elberf.: eifern) sollen. Der griechiche Ausdruck könnte auch mit „streckt euch danach aus" oder „sucht lebhaft danach" übersetzt werden. Die Schrift fordert uns sozusagen auf, (heiß-) hungrig darauf zu sein.

Wenn wir die Dringlichkeit der Stunde und die große Not der Menschen sehen, wie können wir da anders, als leidenschaftlich Gottes Belange voranzutreiben? Es darf nicht unser Motiv sein, uns durch den Dienst der Zeichen und Wunder persönlich hervorzuheben und zu rühmen, sondern es soll unser Verlangen sein, daß die Gemeinde Jesu Christi ihren Auftrag erfüllt, *den Gefangenen zu predigen, daß sie frei sein sollen und den Blinden, daß sie sehen sollen, und den Zerschlagenen, daß sie frei und ledig sein sollen, zu verkündigen das Gnadenjahr des Herrn* (Lukas 4,18-19).

Es gibt keinen leichten Weg, um in diesen Dienst zu kommen. Ein Minimum an Hingabe kann nicht zu einem Maximum an Segen führen. Es ist wahr, daß alles, was ein Christ erfährt, ihm aus Gnaden zukommt — ohne Verdienst. Und doch können wir der Schrift auch entnehmen, daß wir die Reichtümer Gottes in dem Maße finden, wie wir uns auf den Herrn ausrichten und uns Ihm hingeben.

Wenn wir die wunderwirkende Kraft Gottes erfahren wollen und sie unser Leben und unseren Dienst begleiten soll, müssen wir bereit sein, den Preis dafür zu bezahlen. Hier einige wichtige Erfordernisse:

Verbringe viel Zeit in Gottes Gegenwart

Der Psalmist sagt: „*Denn die Ihn fürchten, haben keinen Mangel*" (34,10). Und in Daniel 11,32 heißt es: „*Aber das Volk, das seinen Gott kennt, wird sich stark erweisen und entsprechend handeln.*" Glaubenstaten zu vollbringen, setzt enge Gemeinschaft mit Gott voraus.

Wir müssen einen vertrauten Umgang mit dem Herrn haben, so daß unser Glaube nicht auf irgendeinem Rezept oder einer Formel beruht, sondern auf Gott, der treu ist. Jesus Christus ist derselbe — gestern und heute und in Ewigkeit (siehe Hebräer 13,8). Diese Art Glaube ist das Ergebnis einer starken Beziehung, die durch Gebet genährt wird.

Die Apostelgeschichte beschreibt, wie das Evangelium die damals bekannte Welt erreichte. Es wurde durch Zeichen und Wunder bestätigt. Und wie begann das alles? Mit der Versammlung der Jünger zum Gebet im Obersaal!

Bedenke, daß die Apostelgeschichte an Theophilus (einer, der Gott liebt) gerichtet ist und nicht an Theologius (einer, der Gott studiert). Nicht, daß Gelehrsamkeit und persönliches Schriftstudium falsch wären, aber das Schwergewicht muß auf der tiefen Gemeinschaft mit Gott liegen und nicht auf dem intellektuellen Wissen über Ihn.

Zeit in Gottes Gegenwart zu verbringen ist so wichtig, daß ich noch zwei ganze Kapitel dazu verwenden muß. Für jetzt genügt es festzuhalten, daß dies ein Haupterfordernis ist, um auch in den Bereich der Wunderwirkungen hineinzukommen.

Entwickle eine Empfindsamkeit für die Impulse des Heiligen Geistes

„*Denn welche der Geist Gottes treibt (Elberf.: so viele durch den Geist Gottes geleitet werden), die sind Gottes Kinder*" (Römer 8,14). Wir könnten den Vers auch umdrehen und sagen: „Die sind Söhne und Töchter Gottes, die durch den Geist Gottes geleitet werden."

Der Heilige Geist ist eine Person. Deshalb können wir eine Beziehung zu Ihm haben und kann Kommunikation zwischen uns entstehen, und wir können uns durch Ihn leiten lassen.

Die Stimme des Heiligen Geistes zu vernehmen ist ein Lernprozeß. Erinnerst du dich an Elia? Nicht im Wind, nicht im Erdbeben und nicht im Feuer, sondern im sanften Sausen (Elberf.: leisen Wehen) war der Herr. Auch wir sollen für die sanfte innere Stimme des Heiligen Geistes empfänglich werden. Dazu hilft uns folgendes:

— Regelmäßig Zeit für die persönliche Stille zu erübrigen, um das Verlangen des eigenen und des Heiligen Geistes zu stillen und die Kanäle zu reinigen, so daß wir hören können, was Er uns sagt.
— Unternimm alles, um Unterbrechungen und Ablenkungen auszuschalten.
— Denke über die Güte Gottes nach und erkenne Seine Gegenwart.
— Bitte den Herrn darum, daß der Heilige Geist dir helfen möge, Seine Stimme zu vernehmen: „Ich möchte mich durch Deinen Geist leiten lassen. Bitte, stimme mich auf Seine Stimme ein."
— Gehorche den Impulsen, die du empfängst. „Was Er euch sagt, das tut!" (Vergiß nicht, auch den Rat und die Bestätigung von anderen Gläubigen einzuholen, wenn es sich um etwas Größeres handelt.)
— Betrübe den Geist nicht durch widerspenstiges Verhalten (siehe Epheser 4,30).

Führe ein Leben der Gerechtigkeit, Reinheit und Heiligkeit

„Denn des Herrn Augen durchlaufen die ganze Erde, um denen treu beizustehen, deren Herz ungeteilt auf Ihn gerichtet ist" (2. Chronik 16,9 Elberf.)

Wenn wir die Kraft Gottes durch uns strömen sehen wollen, müssen wir in Reinheit leben. Wir müssen uns von allem Bösen fernhalten und entschieden auf die Eingebungen des Heiligen Geistes auf allen Lebensgebieten eingehen.

Wenn Gott mit dir über Bitterkeit, Unversöhnlichkeit, sündigen Zorn, Neid usw. spricht, dann tue Buße und sage dem heute ab. Dasselbe gilt für Filme, Videos, Magazine, Kleidung und Freundschaften, die Gott nicht gefallen und Seinem Wort widersprechen.

Höre auf Seine Stimme! Gehe keine Kompromisse ein! Unvereinbarkeiten dürfen nicht bestehen, sie verhindern die volle Freisetzung des Geistes in deinem Leben. Wenn du gewissenhaft die sündigen Gebiete ausräumst und auch fragliche „graue" Gebiete klärst, wirst du die Kraft Gottes mit größerer Intensität erfahren.

Entwickle Mut und Ausdauer, indem du dafür betest

Viele Christen wissen nicht, daß Gott erwartet, daß sie nicht nur um Zeichen und Wunder, sondern auch um Mut und Kühnheit beten sollen. Schau dir die ersten Christen an:

„Und nun, Herr, sieh an ihr Drohen und gib Deinen Knechten, mit allem Freimut Dein Wort zu reden; strecke Deine Hand aus, daß Heilungen und Zeichen und Wunder geschehen durch den Namen Deines heiligen Knechtes Jesus" (Apostelgeschichte 4, 29-30).

Wir sollen um Kühnheit bitten, um Christus-Zuversicht, so daß wir unseren Glauben in einer Weise ausleben, die von Autorität und nicht von Zaghaftigkeit und Ängstlichkeit bestimmt ist.

Wir müssen bereit sein, „Narren um Jesu willen" zu werden und müssen in geistgeführter scheinbarer Torheit nach unserem Glauben handeln. Denke an Bartimäus, wie er inmitten der Menge ohne Hemmungen schrie: *„Jesus, Du Sohn Davids, erbarm Dich meiner!"* (Markus 10,46-52).

Laß dich auch nicht durch Verlegenheit vom Willen Gottes abhalten. *„Denn Gott hat uns nicht den Geist der Furcht, sondern der Kraft und der Liebe und der Besonnenheit gegeben"* (2. Timotheus 1,7).

Laß dich außerdem nie durch Versagen und Rückschläge vom Tun des Willens Gottes abbringen: *„Denn ein Gerechter fällt siebenmal und steht wieder auf"* (Sprüche 24,16). Hier heißt es, hartnäckig und beharrlich zu sein.

David Livingstone, einer der großen Missionare, sagte einmal: „Ich bin entschlossen, nicht aufzuhören, bis ich das Ziel erreicht habe. Durch beharrlichen Glauben an Gott werde ich überwinden und siegreich sein."

Denke daran, daß ein Rennen nicht immer auf die Schnelle gewonnen ist. Manchmal wird es von denen gewonnen, die einfach beharrlich das Tempo beibehalten.

Vor Jahren kam ein junger Mann auf eine Bibelschule. Eigentlich wollte er ein professioneller Baseballspieler werden, denn als Junge hatte er einmal dem legendären Spieler Babe Ruth die Hand geschüttelt und dieser hatte ihm gesagt: „Du bist groß genug, um einen guten Malhüter abzugeben!"

Nach einer Abendveranstaltung kaufte er Emily, seiner Verlobten, ein Ansteckbukett. Sie wollte es aber nicht tragen und erklärte ihm, daß sie das Verlöbnis auflöse und einen anderen heiraten werde, einen älteren und standfesteren. Als dies geschah, war er „am Boden zerstört": „Alle Sterne waren vom Himmel gefallen", sagte er.

Diesen Vorgang benutzte Gott dazu, ihm seine laue Haltung zu zeigen. Er erkannte nun seine Bestimmung und den Dienst, den er tun sollte. Er entschloß sich, sich nicht von diesem Auftrag abbringen zu lassen. Er war beharrlich und erreichte schließlich, wozu ihn Gott berufen hatte. Heute ist er einer der angesehensten Gottesmänner auf der ganzen Welt. Er hat vielleicht mehr Menschen zu Christus geführt als alle anderen in der Geschichte. Sein Name: Billy Graham.

Dwight L. Moody hielt eine seiner ersten Evangelisationen in Chicago, wo 3000 Menschen versammelt waren. Aus irgendeinem Grund entschied er sich, den Aufruf zur Bekehrung auf den nächsten Tag zu verschieben und sagte den Besuchern: „Kommt morgen abend wieder!"

Doch in der gleichen Nacht brach das große Feuer in Chicago aus, bei dem viele Menschen starben und Tausende von Häusern abbrannten. Moody erkannte, daß er schrecklich versagt hatte und wurde von Verdammungs- und Untauglichkeitsgedanken geplagt.

Er überwand aber schließlich diese Krise, lernte aus dem Fehler und gewann während seines jahrzehntelangen Dienstes Millionen Menschen für Christus.

Echte Kämpfer geben nicht auf. Wenn sie fallen, stehen sie wieder auf. Nichts auf der Welt kann Ausdauer ersetzen. Auch Talent nicht: talentierte, aber erfolglose Menschen sind bekannt. Genie tut es auch nicht: das verkannte Genie ist fast sprichwörtlich.

Ausbildung nicht: Die Welt ist voll von ausgebildeten Eingebildeten. Aber Entschiedenheit und Ausdauer lassen uns schließlich siegreich sein!

Baue deinen Glauben auf, indem du über Gottes Wort nachsinnst

Jesus verspricht: *„Wenn ihr in Mir bleibt und Meine Worte in euch bleiben, werdet ihr bitten, was ihr wollt, und es wird euch widerfahren“* (Johannes 15,7).

Was für eine erstaunliche und gewaltige Verheißung. Aber sehen wir uns die Bedingung an: *„Wenn Meine Worte in euch bleiben!“* Wenn es unser Verlangen ist, von Gott im Bereich der Wunderwirkungen gebraucht zu werden oder wenn wir einen anderen dem Willen Gottes entsprechenden Wunsch haben, will Gott ihm nachkommen, wenn wir diese Bedingung erfüllen (siehe Josua 1,8; Psalm 1,1-3). Das regelmäßige Nachsinnen über Gottes Wort ist überaus wichtig.

Ein festes Gegründetsein in Gottes Wort schützt uns vor Vermessenheit und Dünkel. Wir warten auf Ihn, daß Er uns die Schrift erhellt und daß wir über das Kopfwissen hinaus zur Herzenserkenntnis gelangen.

„Ohne Glauben ist's unmöglich, Gott zu gefallen“ (Hebräer 11,6). Achte darauf, daß die Schrift nicht „ohne Gebet“ oder „ohne reichliches Geben“ sagt, sondern „ohne Glauben“. Glaube ist der Schlüssel!

Wie kommt Glaube? Wenn wir uns dem Wort Gottes stellen, es auf uns einwirken lassen und offen für das Reden des Heiligen Geistes sind (siehe Römer 10,17)! So laßt uns deshalb entschlossen sein, uns mit der Schrift zu sättigen.

Die Mutter beauftragte ihre Tocher, Pfirsiche zu pflücken. Es war sehr heiß, und deshalb machte das Pflücken keinen Spaß. Aber Tag für Tag ging das Mädchen trotz der Unannehmlichkeiten treu der Aufgabe nach und pflückte Pfirsiche.

Monate später, als das Mädchen an einem kalten Wintermorgen sich zum Frühstück an den Tisch setzte, gab ihr die Mutter eine Scheibe Toast mit einer eingemachten Pfirsichhälfte. Das Mädchen war begeistert über diesen Leckerbissen! Es hatte ihr Mühe gemacht, die Pfirsiche zu pflücken, aber nun konnte sie die Früchte ihrer Mühe genießen!

So ist es manchmal auch mit uns und unserem Bibellesen. Es ist trocken. Es scheint uns, daß wir dem Text nichts entnehmen können. Einige Zeit später aber ist er lebendig und erfaßbar. Wir werden Nutzen ziehen, wenn wir dranbleiben!

Um unseren Glauben bezüglich Wundertaten aufzubauen, ist es gut, Schriftstellen zu lesen, die von Gottes Größe und Treue und von Kühnheit im Glauben handeln. Das Auswendiglernen solcher Stellen ist sehr hilfreich. Wenn wir den Text persönlich auf uns anwenden, ihn also als persönliche Bestätigung lesen und nicht einfach als allgemeines Prinzip, kann uns das helfen, größeren Glauben zu erlangen.

Vor ein paar Jahren schrieb ich ein kleines Traktat mit dem Titel „Biblische Bekenntnisse, die deinen Glauben stärken." Aussagen der Schrift sind darin neu formuliert, so daß sie als persönlich an uns gerichtet gelesen werden können. Lies sie öfters durch!

Glaubenstärkende Bekenntnisse

Ich bin zwar ein gewöhnlicher Mensch, aber ein Sohn oder eine Tochter des Allerhöchsten. Ich bin nicht einfach irgendwer. Ich bin Erbe Gottes und Miterbe mit Jesus Christus. Ich bin nicht einfach ein alter Sünder, sondern eine neue Kreatur in Jesus Christus, meinem Herrn. Ich gehöre zum auserwählten Geschlecht, zur königlichen Priesterschaft, zum heiligen Volk, zum Volk des Eigentums.

Ich stehe nicht unter Schuld und Verdammnis. Es gibt keine Verdammnis für die, die in Christus Jesus sind. Satan ist ein Lügner. Ich werde nicht auf seine Anschuldigungen hören. Seine Waffen gegen mich werden nicht greifen. Jede Zunge, die sich richtend gegen mich erheben will, wird widerlegt werden: Christus hat die Schuld für mich getragen!

Mein Sinn ist durch das Wort Gottes erneuert. Die Waffen meines Kampfes sind nicht fleischlich, sondern mächtig im Dienste Gottes, Festungen zu zerstören. Ich zerstöre damit Gedanken und alles Hohe, das sich erhebt gegen die Erkenntnis Gottes und nehme alles Denken in den Gehorsam gegen Christus gefangen.

In dem Geliebten bin ich angenommen. Wenn Gott für mich ist, wer mag wider mich sein? Nichts kann mich von der Liebe Gottes trennen, die in Christus Jesus ist, meinem Herrn.

Ich bin kein Sklave der Sünde. Ich bin Diener Gottes und der Gerechtigkeit. Ich bin dem Reich der Finsternis entrissen und dem Reich Gottes zugetan. Ich muß der Sünde nicht mehr dienen. Sie hat nicht länger Herrschaft über mich.

Satan ist besiegt! Der Sohn Gottes kam in die Welt, um die Werke des Teufels zu zerstören. Er wird mich nicht mehr manipulieren. Ich bin Überwinder durch das Blut des Lammes und das Wort des Zeugnisses. Ich unterstelle mich Gott. Ich widerstehe dem Teufel, und er wird von mir fliehen.

Keine Versuchung wird an mich herankommen, die mich überfordert. Gott ist treu: Er läßt nicht zu, daß ich so versucht werde, daß es über mein Vermögen geht, sondern schafft einen Ausgang, daß ich's ertragen kann.

Ich stehe fest in der Freiheit, in die Christus mich befreit hat. Wo der Geist des Herrn ist, da ist Freiheit. Das Gesetz des Geistes des Lebens in Jesus Christus hat mich frei gemacht vom Gesetz der Sünde und des Todes.

Mein Leben steht unter der Herrschaft Jesu. Ich vermag alles durch Ihn, der mich stark macht. In Ihm bin ich Überwinder. Dank sei Gott, der mir den Sieg gibt durch Jesus Christus, meinen Herrn.

Ich gebe der Furcht keinen Raum. Furcht ist nicht in der Liebe, sondern die vollkommene Liebe treibt die Furcht aus. Ich suchte den Herrn, und Er hörte und befreite mich aus allen meinen Ängsten.

Der Herr ist mein Licht und mein Heil. Vor wem sollte ich mich fürchten? Der Herr ist meines Lebens Kraft, vor wem sollte mir grauen? Gott ist meine Zuversicht und Stärke, eine Hilfe in Nöten. Darum fürchte ich mich nicht.

Wenn ich noch den Menschen gefällig wäre, wäre ich kein richtiger Diener Christi. Aber ich fürchte mich nicht, denn Er ist bei mir. Ich weiche nicht, denn Er ist mein Gott. Er stärkt mich, Er hilft mir auch, Er hält mich durch die rechte Hand Seiner Gerechtigkeit. Ich schäme mich des Evangeliums nicht, denn es ist eine Kraft Gottes, die alle selig macht, die daran glauben.

Ich bin ein Diener der Erlösung. Ich bin Botschafter Jesu Christi. Ich empfing die Kraft des Heiligen Geistes, um Sein Zeuge zu sein. Sein Wort kommt nicht leer zurück, sondern richtet aus, wozu es gesandt ist.

Ich bin gerecht durch Seine Gnade. Er wird mich nicht verlassen und nicht von mir weichen. So kann ich getrost sagen: Der Herr ist mein Helfer, ich will mich nicht fürchten. Was kann mir ein Mensch tun?

Herr, gib Deinem Diener, Dein Wort mit allem Freimut kundzutun, während Du Deine Hand ausstreckst, daß Heilungen und Zeichen und Wunder geschehen durch den Namen Deines heiligen Knechtes Jesus.

Alle Dinge sind möglich dem, der da glaubt. Wenn ich Glaube wie ein Senfkorn habe, kann ich zu einem Berg sagen: „Heb dich dorthin!“ und er wird sich heben.

Ich glaube an Gott. Mein Glaube richtet sich nicht auf mich selbst oder meine Gefühle, sondern auf den lebendigen Gott, der mich nicht verlassen noch versäumen wird. Ich wandle im Glauben, nicht im Schauen.

Ich vergesse, was dahinten ist, und strecke mich aus nach dem, was da vorne ist. Ich jage nach dem vorgesteckten Ziel, dem Siegespreis der himmlischen Berufung Gottes in Christus Jesus. Ich lege meine Hand an den Pflug und schaue nicht zurück.

Jesus liebt mich und tritt für mich ein. Er ist fähig, überschwenglich über das hinaus zu tun, was ich bitte oder verstehe. Der in mir das gute Werk angefangen hat, der wird es auch vollenden bis an den Tag Christi Jesu.

Ich mache mir keine Sorgen. Wer festen Herzens ist, dem bewahrst Du Frieden. Ich verlasse mich auf Dich.

Ich bin mit Christus gekreuzigt. Ich lebe, doch nun nicht ich, sondern Christus lebt in mir. Denn was ich jetzt lebe im Fleisch, das lebe ich im Glauben an den Sohn Gottes, der mich geliebt und sich selbst für mich dahingegeben hat. Ich will im Glauben leben und mit den Augen des Glaubens sehen. Ich werde von Glaube zu Glaube gehen, von Kraft zu Kraft, von Herrlichkeit zu Herrlichkeit.

Ich schaue nicht nach Heilung aus, sondern nach dem Heiler: Jesus Christus, meinem Herrn. Er trug meine Krankheit und lud auf sich meine Schmerzen. Durch Seine Wunden bin ich geheilt. Der gleiche Geist, der Christus von den Toten auferweckte, wird auch meinen sterblichen Leib lebendig machen.

Ich bin nicht lau und gehe keine Kompromisse ein. Ich stelle mich nicht dieser Welt gleich. Ich bin Teilhaber der göttlichen Natur. Gott wohnt in mir. Seine Gnade genügt mir, und Seine Kraft wird in den Schwachen mächtig.

Ich lasse mich nicht von den Sorgen des Lebens niederdrücken. Ich werfe sie auf den Herrn.

Was immer heute meine Aufgabe sein mag, ich tue sie von Herzen als dem Herrn.

Wenn der Feind wie eine Flut hereinbricht, stellt Gott einen Schutzwall für die Seinen auf.

Ich darf Teil der Heilsarmee Gottes sein, die Er aufgestellt hat, um die Menschen aus der Welt herauszuretten.

Ich darf Zeuge des endzeitlichen Wirkens des Heiligen Geistes sein. Als Mitarbeiter Gottes werde ich durch den Heiligen Geist geführt und gestärkt.

Ich verachte den Tag der geringen Anfänge nicht. Die Weissagung wird noch erfüllt werden zu ihrer Zeit. Wenn sie sich auch hinzieht, so harre ich doch ihrer. Sie wird gewiß kommen und nicht ausbleiben.

Jesus schenkt der Gemeinde einen Aufbruch. Sie wird zubereitet auf Seine Wiederkunft. Er wird sie ohne Flecken und Runzeln darstellen. Nichts Anklagendes ist mehr zu finden. Es wird eine triumphierende Gemeinde sein.

Ich bin hier nicht seßhaft. Meine Heimat ist droben im Licht. Aber während ich hier unten bin, gebe ich mein Äußerstes für Sein Höchstes. Ich will alles tun, damit diese Generation vom Heil in Jesus Christus erfährt.

Diese schriftgemäßen Aussagen, die auf uns bezogen sind, werden unseren Glauben stärken — auch für die Kraftwirkungen —, wenn wir sie auf uns einwirken lassen.

Bist du in dieser unserer Zeit, wo wir einen geistlichen Aufbruch erleben dürfen und Gott sich eine Mannschaft formt, die dem Heiligen Israels keine Grenzen setzt, bereit, Gottes Bestimmung auszufüllen und dich von Gott als Instrument gebrauchen zu lassen — auch daß Er Wunder durch dich wirken kann?

„O Gott, enthülle Deine Macht. Zeige Deine göttliche Kraft, die Du an uns bewiesen hast“ (Psalm 68, 29 Bruns).

Teil IV

Gottes Bestimmung für uns: Durch Gebet in Seiner Gegenwart leben

„Laß ihn für immer
unter Deinen Augen leben,
damit Güte und Treue sein Tun bestimmen“
(Psalm 61,8 GN).

9. Kapitel

Druck, Gebet und göttliche Fügung

Man hat ein komisches Gefühl, wenn schon morgens um halb sieben das Telefon klingelt. Ob es eine gute Nachricht sein wird?

An diesem besonderen Morgen war es meine Schwiegermutter, die anrief. Sie klang erregt: „Larry, hier ist Mutti. Hast du schon die Zeitung gelesen?"

„Nein", antwortete ich noch halb im Schlaf. Irgend etwas Ernstes schien sich ereignet zu haben. War eine berühmte Persönlichkeit gestorben? Oder jemand ermordet worden?

„In der Morgenausgabe der ‚Washington Post' steht heute, daß jemand gegen dich vor Gericht zieht", sagte sie aufgeregt.

„Wie bitte?" fragte ich. „Vor Gericht? Ich meine, wer verklagt mich und warum?"

„Es ist ein Buchautor. Er schreibt Bücher über Psychologie." Mutti überflog schnell den Artikel. „Er berichtet, daß du falsche Informationen über ihn verbreitet hast, du und noch andere. Er verklagt euch alle. Es geht ihm um 20 Millionen Dollar!"

„20 Millionen Dollar!" schnappte ich nach Luft. Ich war inzwischen hellwach. War das möglich? Es kam mir wie ein böser Traum vor.

„Vielleicht ist es nur ein Trick, um ins Licht der Öffentlichkeit zu gelangen", meinte Mutti. Es war Hoffnung, aber wenig Überzeugung in ihrer Stimme.

Nachdem ich das Telefongespräch beendet hatte, holte ich mir sofort die Zeitung. Ja, da stand die Geschichte. Doris und ich lasen sie mehrere Male. Ich war wie benommen. Als ich auf der Hochschule war und mein Name in der Zeitung erschien, wenn wir ein Spiel gewonnen hatten, war ich begeistert. Aber diesmal war ich gar nicht entzückt.

„Doris", sagte ich schließlich, „wir müssen beten. Ich meine, wirklich beten!" Wir nahmen uns an den Händen und gingen auf die Knie. Das war alles, was ich bei diesem Ansturm der Gefühle noch tun konnte.

„Himmlischer Vater", begann ich. „Ich weiß, nicht, wie das alles kam. Ich habe anscheinend etwas falsch gemacht. Ich will nun alles, was Dein Wort mir sagt, tun, damit es wieder in Ordnung kommt. Ich habe meine Augen auf Dich gerichtet, Herr. Ich möchte Dir vertrauen, daß Du mir hilfst!"

Am Ende unseres Gebets stellten wir uns auf die Verheißung von Markus 11,24: *„Alles, was ihr bittet in eurem Gebet, glaubt nur, daß ihr es empfangt, so wird es euch zuteil werden."*

Dieser Tag im Jahre 1980 bedeutete den Beginn einer schweren Prüfung, die vier Jahre dauerte und mir eine große Schulung in bezug auf die Notwendigkeit und Wirksamkeit andauernden Gebets war. Ich hatte mich ganz auf den Herrn geworfen. Nun wollte ich standhaft und gehorsam bleiben, aller Angst und Sorge widerstehen und den Namen des Herrn zum Sieg anrufen:

„Vor schlimmer Kunde fürchtet er sich nicht; sein Herz hofft unverzagt auf den Herrn. Sein Herz ist getrost und fürchtet sich nicht" (Psalm 112,7-8).

Um was ging es in diesem Gerichtsverfahren?

Ungefähr ein Jahr zuvor hörte man Berichte in den Vereinigten Staaten und auch außerhalb, daß der Autor eines Bestsellers im Bereich Pop-Psychologie sich das Leben genommen hatte. Das erstemal hörte ich davon auf einer großen christlichen Konferenz.

Der Autor hatte ein Buch darüber geschrieben, wie man glücklich und erfüllt leben kann. Wenn der Autor eines solchen Buches sich das Leben nimmt, steht das natürlich ganz im Gegensatz zu dem, was er in seinem Buch ausführt, und es ist eine gute Lektion dafür, wie unzureichend es ist, sein Glück ohne Jesus zu suchen.

Während der Konferenz konnte ich beim Mittagessen mit dem Redner, der diese Bemerkung gemacht hatte, sprechen. Er war ein respektierter Lehrer in Familienfragen. Ich fragte ihn, woher er das wisse. Er berichtete mir, daß er dies von einem anderen international bekannten Mann erfahren habe, der auch im christlichen Dienst stand. So hatte ich den Eindruck, daß dies tatsächlich geschehen war.

Einige Monate später erwähnte ich dieses Geschehen, das sich später als Falschmeldung herausstellte, bei einer Rede in Kalifornien. Der Autor, der in der Nähe wohnte, wurde davon in Kenntnis gesetzt. Er hatte sich keineswegs das Leben genommen, sondern war sehr lebendig. Ich hatte ihn in meiner Rede zwar nicht mit Namen erwähnt, aber hatte auf ihn als Autor des bestimmten Buches Bezug genommen, so daß man wußte, wer gemeint war.

Ich konnte gut verstehen, daß der Mann aufgebracht war. Eine solche Falschmeldung schadete seinem Ruf. Es war schrecklich, daß ich mich schuldig gemacht hatte. Natürlich hatte ich es nicht böswillig getan, aber der Schaden war entstanden. Die Frage war nur, wie ich das alles in Ordnung bringen konnte.

In Matthäus 5,23-24 steht: *„Wenn du deine Gabe auf dem Altar opferst und dort kommt dir in den Sinn, daß dein Bruder etwas gegen dich hat, so laß dort vor dem Altar deine Gabe und geh zuerst hin und versöhne dich mit deinem Bruder und dann komm und opfere deine Gabe.“*

Die biblische Handlungsweise schien klar: Ich sollte also mit diesem Bruder (man hatte mir gesagt, daß er einer bestimmten Kirche angehöre), dessen Ruf ich geschädigt und der deshalb etwas gegen mich hatte, Kontakt aufnehmen, ihn um Vergebung bitten und versuchen, eine Versöhnung herbeizuführen.

Ich rief also an. Dreimal tat ich das und bat ihn um Vergebung, aber erfolglos. Die Anwälte hatten ihm nahegelegt, nicht außer Gericht mit mir zu sprechen. Ich sandte ihm auch einen Brief, worin ich ihn um Vergebung bat.

Meine Anwälte, die Christen waren und verstanden, daß ich mich versöhnen wollte, rieten mir davon ab, noch quer durch die Vereinigten Staaten zu fliegen und persönlich an seine Haustür zu klopfen, da dies vor Gericht als Belästigung oder gar Einschüchterung ausgelegt werden konnte.

So kam also die Gerichtsverhandlung auf mich zu. Sie zog sich über vier Jahre hin. Mußte ich befürchten, alles zu verlieren? Würde ich ruiniert werden? Würde mein Dienst damit zu Ende sein? Würde meine Gemeinde leiden?

Der Druck wäre unerträglich geworden, wenn ich nicht immer wieder im Gebet Gottes Gnade verspürt und die feste Unterstützung der Brüder und Schwestern in Christo gehabt hätte. Die Geschichte war in den führenden christlichen Zeitschriften erwähnt worden, und so beteten zahlreiche Christen für mich.

Ein treuer Freund in der Nähe, der auch zu meiner Gemeinde gehört, Chip Ward, war mir eine große Ermutigung und Hilfe. Er kam, gleich nachdem er davon gehört hatte, zu mir und bot sich an, sein Haus zu verkaufen, wenn das zur Bezahlung der Gerichtsstrafe nötig sein würde.

Charles Mahaney, mein Freund und Mitarbeiter im Dienst über mehr als zwölf Jahre, war mir ebenfalls eine gute Unterstützung. Und da waren noch viele andere wie z. B. Steve Shank, Bill Galbraith, Che Ahn, Chuck Thompson, Dick Moore, Brent Detwiler und Rob Robinson, der Sprüche 17,17 lebendig werden ließ: *„Ein Freund liebt allezeit, und ein Bruder wird für die Not geboren.“*

Und natürlich war da noch Doris, meine Frau. Was wäre ohne ihr Gebet und ohne ihre Ermutigung gewesen?: *„Wem eine tüchtige Frau beschert ist, die ist viel edler als die köstlichsten Perlen. Ihres Mannes Herz darf sich auf sie verlassen.“*

Schließlich kam der Tag der Urteilsverkündigung. Meine Anwälte hatten an den Richter appelliert, eine vorherige richterliche Entscheidung zu berichtigen, die unserer Meinung nach unseren Fall unfair ausgehöhlt hatte.

Als ich dort in dem kahlen, kalten Gerichtssaal saß und jedem Wort, das von Richtern und Anwälten geäußert wurde, zuhörte, rief ich mir die Schrift in Erinnerung: *„Des Königs Herz ist in der Hand des Herrn wie Wasserbäche; Er lenkt es, wohin Er will“* (Sprüche 21,1). Traf diese Stelle nicht auf Richter genauso zu wie auf Könige?

„. . . ich habe den Eindruck, daß ich das Herrn Tomczak zugute halten muß!“ Die Meinung des Richters hatte sich geändert! Anders gesagt: Sein Herz war so gelenkt worden. Ich machte beinahe einen Freudensprung im Gerichtssaal.

Die Opposition war mit der Regelung einverstanden. Ich mußte eine finanzielle Entschädigung leisten, die ich als fair ansehen konnte, und die ich glücklich bezahlte. Wir drei, die wir in diesem Gerichtsverfahren standen, waren erleichtert. Dankestränen kamen uns. Es war alles so ausgegangen, daß wir es ertragen konnten!

Ich habe in jenen Jahren viel über Gerichtsverhandlungen gelernt, aber weit wichtiger war, was ich in bezug auf Gebet gelernt habe. Ich habe erkannt, wie wichtig die Worte Jesu sind, daß man allezeit beten und nicht nachlassen sollte (Lukas 18,1). Wenn wir unter Druck, in Bedrängnis oder Not geraten, wird uns durch Gebet Hilfe zuteil.

Doch nicht nur in der Not sollten wir beten, sondern allezeit. Regelmäßiges Gebet ist Ausdruck einer lebendigen Beziehung zu unserem himmlischen Vater. Es sollte ein konstanter Faktor in unserem Leben sein, nicht etwas, zu dem wir nur Zuflucht nehmen, wenn es uns schlecht geht.

Mein Vater war mir darin ein großes Vorbild. Im Alter von 62 Jahren fand er zu einer tieferen Beziehung zu Christus und war von da an vor allem ein Mann kindlichen Glaubens und anhaltenden Gebets.

Vater betete im Glauben, daß seine einzige Tochter noch vor seinem Tod einen Christen zum Mann bekäme, obwohl sie bereits Mitte dreißig war und niemand in Sicht war. Seine Gebete wurden durch eine göttliche Lenkung beantwortet, bei der ein leitender kanadischer Bruder die Wege meiner Schwester kreuzte. Du kannst dir vorstellen, was für eine besondere Freude es für Vater war, am Hochzeitstag die Braut an ihn zu geben.

Vater betete einmal im Glauben, daß Gott die Tür dafür öffnen möge, daß er einen krebskranken Freund im Krankenhaus besuchen konnte. Dieser lag da, wo Besucher normalerweise keinen Zutritt hatten. Durch eine Reihe von „Zufällen" war es Vater möglich, in das Zimmer des Freundes zu gelangen und ihn zum Herrn zu führen, bevor er starb.

Vater betete auch um einen friedevollen Heimgang ohne lange Krankheit und Leiden. Durch Gottes Gnade wurde auch das wahr: Er starb am Sonntagmorgen, als er vom Gottesdienst zurückgekommen war und sich auf die Couch gelegt hatte, um seine persönliche tägliche Bibellese zu beginnen. Die Überschrift auf der Seite lautete: „Gebet". Er begann zu lesen, der Kopf sank herunter, und er war heimgegangen.

Ich vermisse Vater, obwohl es eine Freude ist, ihn beim Herrn zu wissen. Gerade an dem Tag, an dem Vaters Nachruf in der Zeitung erschien, zeigte mir jemand ein paar Zeilen, die der bekannte Evangelist Dwight L. Moody geschrieben hat:

„Eines Tages wirst du in den Zeitungen lesen, daß Dwight L. Moody von East Northfield gestorben ist. Glaube kein Wort! An diesem Tag werde ich lebendiger sein als je zuvor. Ich bin nach oben gerückt, das ist alles! Heraus aus dem vergänglichen Leib in einen, der unsterblich ist. In einen Leib, den der Tod nicht erreichen kann, in einen Leib, der nach Seinem herrlichen Leibe gemacht ist."

Vaters Hinterlassenschaft an mich war sein zum Dienst für Gott und Menschen hingegebenes Leben. Vater betete. Vater glaubte. Sein Beispiel soll auch in diesem Buch aufleben und dich und mich dazu aufrufen, treu unsere tägliche Zeit mit Gott einzuhalten und ein lebendiges Gebetsleben zu führen.

Nach Vaters Tod habe ich mir wieder viele Schriftstellen angeschaut, die über das zukünftige Leben sprechen, über das Leben, das uns erwartet, wenn unser irdisches Leben abgeschlossen ist. Dabei ist mir aufgegangen, daß wir schon hier auf Erden durch das Gebet in gewisser Weise am himmlischen Leben teilnehmen können. Einen Vorgeschmack des Himmels können wir bekommen, wenn wir Tag für Tag in Gottes Gegenwart leben.

David sagte: *„Du tust mir kund den Weg zum Leben. Vor Dir ist Freude die Fülle und Wonne zu Deiner Rechten ewiglich"* (Psalm 16,11). Wenn wir unsere Herzen im Gebet zu Gott öffnen, verspüren wir schon etwas von dieser himmlischen Freude.

Laßt uns mehr und mehr in dieses Leben eintreten, das Gott uns durch Gebet eröffnen möchte. Mose betete: *„Wenn ich aber wirklich Gnade gefunden habe, so laß mich doch Deinen Weg wissen"* (2. Mose 33,13).

Das Gebet, unser tägliches Eintreten in die Gegenwart Gottes, soll das Thema des nächsten Kapitels sein.

10. Kapitel

Beständigkeit im Gebet entwickeln

Manchmal geschehen merkwürdige Dinge, wenn wir beten.

Vor mehr als zehn Jahren, als ich noch nicht einmal verheiratet war, sagte mir der Herr im Gebet, daß ich eines Tages ein Kind adoptieren solle. Ich wollte gewiß auch eigene Kinder, aber ich fühlte, daß Gott einen Gedankensamen bezüglich Adoption in meinen Geist eingepflanzt hatte.

Dieser Gedanke stand in Harmonie mit einer Anzahl anderer innerer Überzeugungen. Ich war tief bekümmert über die Zahl sogenannter ungewollter Kinder, die durch Abtreibung getötet wurden, und ich erkannte in der Adoption eine Lösung dieses Problems.

Ich wollte auch die Art Glauben ausleben, von der Jakobus spricht: „*Ein reiner und unbefleckter Gottesdienst vor Gott, dem Vater, ist der: die Waisen und Witwen in ihrer Trübsal besuchen* ...“ (Jakobus 1,27).

Natürlich war kein Weg offen, daß dies sofort hätte erfüllt werden können. Aber ich hatte die Gewißheit, daß es mehr als nur ein „netter Gedanke“ war. Es war ein Wort von Gott, und seine Erfüllung war nur eine Frage der Zeit. Wie Maria behielt ich diese Worte und bewegte sie in meinem Herzen (siehe Lukas 2,19).

In den nächsten Jahren wurden meine Gedanken immer wieder darauf gelenkt. Dann, nach sieben feinen Ehejahren und drei natürlichen Kindern, bekamen wir innerlich die Gewißheit, daß jetzt die Zeit gekommen war. Als wir den Herrn im persönlichen Gebet ernsthaft suchten, ergab sich auch ein Empfinden für die Führung: wir sollten ein ausländisches Kind adoptieren, ein Mädchen, ungefähr drei Jahre alt.

Die Stücke begannen schnell ein Bild zu ergeben. Gott war bereits hinter den Kulissen am Wirken und bereitete im voraus das gute Werk vor, zu dem wir berufen waren (Epheser 2,10).

Auf meinem Terminkalender stand ein Besuch in Seoul, Korea, in drei Monaten an. Ich erfuhr dann, daß ein enger Freund von mir in Kontakt mit einer Frau in Korea stand, die sich um Adoptionen kümmerte. Schließlich war einer der drei Männer, die ebenfalls an der Reise teilnehmen wollten, Leiter eines Waisenhauses in Seoul. Da wurde mir klar, daß meine anstehende Reise das Zusammentreffen mit meiner zukünftigen Tochter bringen würde.

In Korea besuchte ich verschiedene Kinderheime in Seoul. Ich war sozusagen in Wartestellung, um zu sehen, wie Gott Seinen Plan entfalten würde. Vom Leiter einer Kinderwohlfahrtsorganisation wurden meine Frau und ich als eines der in Aussicht stehenden Adoptivelternpaare bestätigt. Nach unserer Unterredung standen wir auf und gingen zur Tür. Jemand öffnete sie, und ich konnte im anschließenden Raum sehen, wie eine Frau gerade ein kleines Kind brachte. Es war etwa drei Jahre alt.

Das ist es! Ich empfand das Reden Gottes in meinem Geist so klar, als wenn es mit hörbarer Stimme geschehen wäre: „Sie ist es, von der Ich zu dir sprach. Das ist deine neue Tochter!“

Alles ging bemerkenswert schnell vonstatten: Sechs Monate später konnten meine Frau und ich und unsere drei Kleinen auf dem Flughafen unser neues Familienmitglied in Empfang nehmen. Eine koreanische Frau von einer in der Nähe gelegenen Kirche war von einem Besuch in Seoul zurückgekommen und hatte das kleine Mädchen begleitet.

Inzwischen hatte uns der Herr den richtigen Namen für unsere Tochter gegeben, die auf den Straßen von Seoul ausgesetzt worden war. Ihr Name: Renee. In französisch bedeutet das „wiedergeboren“.

So wie bei dieser Adoption geht es oft in Gottes Vorhaben. Der uns angezeigte Plan kommt zur Ausführung, wenn wir im Gebet auf das Reden des Heiligen Geistes eingestimmt sind. Eine lebendige, tiefe Gemeinschaft mit Gott ist unerläßliche Voraussetzung, um durch den Geist geführt zu werden.

Wir wissen natürlich alle, daß beständiges Gebet ein ganz wichtiger Teil des Christenlebens ist. Wir sehen auch, wie vorrangig das Gebet im Leben Jesu war. An Stellen wie z. B. Markus 1,35 ist das klar zu ersehen: *„Und am Morgen, noch vor Tage,* *stand Er auf und ging hinaus. Und Er ging an eine einsame Stätte und betete dort.“*

Wir haben bestimmt auch schon bemerkt, welche Wichtigkeit das Gebet im Leben der ersten Christen hatte. Die Jünger baten nicht, daß Jesus sie das Predigen, sondern das Beten lehrte (siehe Lukas 11,1).

Im Buch der Apostelgeschichte lesen wir von der Ausgießung des Heiligen Geistes an Pfingsten und der darauf folgenden Seelenernte von 3000 Männern und Frauen. Davon ist im 2. Kapitel die Rede, während zuvor im 1. Kapitel von *Gebet* gesprochen wird.

Und wir alle haben schon Aussprüche großer Männer und Frauen der Kirchengeschichte über das Gebet gelesen. John Wesley betonte in bezug auf Philipper 4,6, daß der Herr nichts ohne Gebet tut. Jonathan Edwards, Pionier einer großen Erweckung, unterstrich die Notwendigkeit außergewöhnlichen Gebets, um Erweckung zu bewirken.

Darüber einer Meinung zu werden, ist nicht schwer. Unser Problem ist, daß darüber viel gesagt und wenig getan wird. Wir haben gute Absichten, aber die Verwirklichung fehlt.

Ein Sprecher auf einer Konferenz, die ich besuchte, berichtete, wie er Gott ernsthaft bat, doch mehr ein Mann des Gebets zu werden, und war überrascht, von Gott zu hören: „Meinst du das wirklich ernst?“

Er hatte dieses Gebet schon seit seiner Kindheit gebetet, aber er war nie auf die Herausforderung eingegangen, danach zu handeln.

Wie können wir mehr Freude und Fruchtbarkeit im Gebet entwickeln? Hier einige praktische Ratschläge, die mir und anderen eine Hilfe waren:

Denke an das Vorrecht und die Wirksamkeit des Gebets

In Psalm 103 erinnert der Psalmist sich selbst: *„Lobe den Herrn, meine Seele, und vergiß nicht, was Er dir Gutes getan hat“* (Vers 2).

Ich habe eine kleine Liste der Wirkungen des Gebets aufgestellt, um mich zu motivieren, wenn ich geistlich „in der Dürre“ bin. Ein beständiges Gebetsleben

- erfreut das Herz Gottes, des Vaters;
- gibt uns Gelegenheit, Seine täglichen Anweisungen entgegenzunehmen und die Kraft zu empfangen, sie auszuführen. Der Grund, warum es bei vielen an Kraft mangelt, besteht darin, daß sie nicht zur Quelle der Kraft kommen;
- eröffnet ein Zwiegespräch mit Gott, bei dem wir alle Sorgen auf Ihn werfen dürfen (1. Petrus 5,7);
- ergibt eine geistliche Reinigung von den Vergiftungen der Welt und bricht die verkrustete Erde unseres Herzens auf, um uns demütig und rein vor Gott zu halten;
- schafft in uns größere Empfindsamkeit für die Führung des Heiligen Geistes;
- schärft unser Unterscheidungsvermögen in bezug auf dämonische Wirkungen.

Räume dem Gebet Vorrang ein

Ein beständiges Gebetsleben ergibt sich nicht automatisch. Wir müssen es vorbereiten. Wir müssen Zeit dafür einräumen. Unsere Überzeugung, daß es richtig ist zu beten, muß in die Tat umgesetzt werden, so daß wir den Gebrauch von Zeit und Kraft neu ordnen.

Es ist ein ständiger Kampf, sogar für die besten Beter. In Korea habe ich viel über Gebet und Gemeindewachstum von Dr. Paul Yonggi Cho, dem Pastor der Full Gospel Church, gehört. Er ist der Leiter der größten Gemeinde der Welt, mit mehr als einer halben Million Mitgliedern.

Dr. Cho führt dieses erstaunliche Wachstum hauptsächlich auf das Gebet zurück. Er gibt demütig zu, daß das tägliche Gebet für ihn immer noch ein Kampf mit den fleischlichen Tendenzen und Ablenkungen ist. Dieses Zeugnis ermutigte mich bezüglich meiner eigenen Mühen und spornte mich an, mich noch mehr dem Gebet zu widmen.

Laß dich nicht durch Gesetzlichkeit motivieren, sondern durch Gnade

Wenn wir an die Aufgabe herangehen, Beständigkeit in unser Gebetsleben hineinzubringen, ist es wichtig, daß wir nicht in den

Fallstrick der Gesetzlichkeit geraten. Viele Christen machen in ihren Bemühungen, mehr Disziplin in ihr Gebetsleben zu bekommen, unbewußt den Versuch, Gerechtigkeit durch die Werke des Fleisches zu erlangen.

Sie denken, wenn sie morgens früher aufstehen und ein paar Minuten länger auf den Knien verharren, muß Gott mit ihnen zufrieden sein. Sie scheinen sich Gott mit einer großen Kontrolliste vorzustellen, in die Er genau einträgt, wie lange jeder seine Gebetszeit hatte, und nach dieser Länge richtet sich dann Sein Segen.

Gewiß, es gibt zwei Seiten: Einerseits muß der Heilige Geist die Frucht der Selbstbeherrschung dazu in uns wirken, andererseits müssen wir auch eigene Mühe investieren und verschiedene Regeln beachten, jedoch müssen wir uns davor hüten, mit dem Motiv an die Gebetszeit heranzugehen, daß wir uns dadurch bei Gott in ein gutes Licht rücken wollen.

Vielmehr sollten wir die Stellung erkennen, die Jesus für uns erworben hat und in Gottes bedingungsloser Annahme ruhen. Dann werden wir Gebet nicht als Pflicht, sondern als Vorrecht ansehen. Fortschritt wird es nicht geben, indem wir uns zähneknirschend zusammenreißen, sondern indem wir uns Gottes Geist überlassen und in der Gottseligkeit wachsen (siehe 1. Timotheus 4,7).

Früh zu Bett und früh wieder auf

Es ist einfach eine Tatsache: Du kannst nicht bis spät nachts wach sein und dann erwarten, daß du frühmorgens strahlend munter und gebetsbereit bist.

Es ist erstaunlich, wie viele Christen dies übersehen. Sie bleiben bis in die frühen Morgenstunden vor dem Fernseher und wundern sich dann, daß es mit ihrer stillen Zeit nicht klappt, weil sie einfach am Morgen nicht aus dem Bett kommen.

In der Bibel steht zwar nirgends: „Du sollst früh aufstehen, um zu beten!“ Aber wenn es auch nicht besonders befohlen ist, so ist zumindest klar, daß dies in der Schrift Unterstützung findet.

„Herr, frühe wollest du meine Stimme hören, frühe will ich mich zu Dir wenden und aufmerken“ (Psalm 5,4).

Von Elkana und Hanna, den Eltern des Propheten Samuel, heißt es: *„Und sie machten sich am Morgen früh auf und beteten an vor dem Herrn“* (1. Samuel 1,19 Elberf.).

Und von Hiskia steht geschrieben: „*Da machte sich der König Hiskia früh auf und versammelte die Oberen der Stadt und ging hinauf zum Hause des Herrn*" (2. Chronik 29,20).

Und von Jesus lesen wir: „*Und am Morgen, noch vor Tage, stand Er auf und ging hinaus. Und Er ging an eine einsame Stätte und betete dort*" (Markus 1,35).

Ich bin sicher, daß es Christen gibt, die eine regelmäßige und fruchtbare Zeit des Gebets auch an anderen Tageszeiten haben. Aber die Erfahrung lehrt, daß für die meisten von uns der frühe Morgen die beste — und vielleicht auch einzige — Zeit ist, die zur Verfügung steht; besonders bei denen, die kleine Kinder zu betreuen haben.

Da ist also die Zeit, wo unsere Begegnung mit Gott stattfinden sollte und die wir ausnützen müssen. Wenn es uns ernst ist, sie einzuhalten, werden wir unser Abendprogramm auch entsprechend kürzen.

Suche dir einen Gebetsplatz

Jesus lehrt uns: „*Wenn du aber betest, so geh in dein Kämmerlein und schließ die Tür zu und bete zu deinem Vater, der im Verborgenen ist*" (Matthäus 6,6).

Hier geht es zwar hauptsächlich darum, daß wir nicht großtuerisch beten, um unsere Frömmigkeit allen darzustellen. Aber nebenbei hören wir auch, daß wir möglichst einen ungestörten Gebetsplatz haben sollten.

Wir haben ja bereits gesehen, daß es Jesu Gewohnheit war, an einsame Stätten zu gehen, um zu beten. Dadurch konnte Er Störungen und Ablenkungen fernhalten.

Fällt es dir auch manchmal schwer, der hereinstürzenden Gedanken Herr zu werden, die das Gebet stören wollen? Vieles kommt aus der menschlichen Natur. Aber es gibt auch eine geistliche Seite: Natürlich hat Satan großes Interesse daran, Störsender einzuschalten, damit die Verbindung zu Gott leidet.

Wenn wir also mit den eigenen Gedanken schon Mühe haben, sollten wir sehen, daß wir nicht auch noch durch Ablenkungen von außen Schwierigkeiten bekommen. Schau dich also nach einem Plätzchen um, wo kein Telefon klingelt, keine Kinder herumtollen, keine Mitarbeiter an die Tür klopfen und wo keine

Papiere oder andere Gegenstände deine Aufmerksamkeit auf weltliche Dinge ablenken.

Es kann eine Ecke im Keller, im Speicher, in einem unbenutzten Raum usw. sein. Oder ein WC, wenn es nicht gebraucht wird. Sieh das als deinen besonderen Gebetsplatz an. Schließlich wirst du auch innerlich eine Verbindung zwischen diesem Platz und dem Gebet eingehen, so daß dir das Beten, wenn du dort bist, leichter fällt.

Deine eigene Gebetsweise

Jeder von uns ist einzigartig. Deshalb hat jeder von uns auch eine einzigartige Beziehung zu Gott und wird normalerweise seine eigene Art des Betens entwickeln. Und auch diese kann Tag für Tag anders sein.

Bei dieser Unterschiedlichkeit ist es wichtig, dem Gebet eine Struktur zu geben. Zuviel Spontaneität schadet oft mehr als sie nützt. Wir werden sonst ziellos und offen für Ablenkungen.

Ich empfehle ein einfaches und gleichzeitig flexibles Muster, dem wir während der Gebetszeit folgen. Du brauchst nicht starr daran zu hängen, vielmehr solltest du es als einen abgesteckten Rahmen ansehen, innerhalb dem du Spontaneität ausüben kannst.

Ich bin überzeugt davon, daß jeder von uns eine solche Gestaltungshilfe nötig hat. Um dir ein Beispiel zu geben, möchte ich dir zeigen, wie es bei mir aussieht:

Nachdem ich gebetet habe, daß der Heilige Geist mein Herz prüfen solle bezüglich noch unbekannter Sünde, beginne ich gewöhnlich meine Gebetszeit, indem ich dem Herrn für alles danke, was Er in mir, für mich und durch mich während der vergangenen 24 oder 48 Stunden getan hat. Das hilft mir, den Rest der Gebetszeit in einer Haltung des Dankens anzugehen. *„Gehet zu Seinen Toren ein mit Danken, zu Seinen Vorhöfen mit Loben."*

Nach der Danksagung gehe ich gewöhnlich in eine besinnliche Zeit über, wo ich über die Güte und Größe Gottes nachdenke.

Das nachstehende ABC soll dir, wenn du über die Eigenschaften Gottes nachdenkst, Hilfestellung geben, damit du deine Gedanken leichter in Worte kleiden kannst:

Ein ABC dessen, was Gott ist

A — allmächtig
B — barmherzig
C — Christus
D — demütig
E — Erlöser
F — Fels
G — gnädig
H — heilig
I — Ich bin
J — Jesus
K — König
L — Liebe
M — mächtig
N — nahe
O — offenbarend
P — Prophet
Q — Quelle
R — Ratgeber
S — Schutz
T — treu
U — unterweisend
V — vergebend
W — wahrhaftig
XYZ — Zuflucht

Nach dem Danksagen, der Besinnung und dem Lobpreis beginne ich mit meinen Gebetsanliegen, wie Paulus es dem Timotheus riet: Ich bete für die Obrigkeit, die Leute an der Regierung (1. Timotheus 2,1-3).

Dann komme ich zum Fürbittgebet für meine Frau, meine Kinder und meine Freunde. Dann für mich selbst. Danach für die Gemeinden, mit denen ich in Verbindung stehe: für die Leiter, ihre Dienste und für die anderen Mitglieder.

Anschließend folgen noch andere Anliegen, die der Heilige Geist mir aufs Herz legt, und dann danke ich Gott, daß Er mein Gebet hört. Zum Schluß trete ich für die verlorenen Menschen ein und für die speziellen Nöte des Tages.

Setze realistische und konkrete Ziele

Wir werden nicht viel Erfolg haben, wenn wir einfach sagen: „Ich beginne jetzt, mehr zu beten." Wir müssen es konkret werden lassen: So viele Minuten am Tag um die und die Zeit.

Realistische Ziele sind erreichbare Ziele. Richard Foster schreibt in seinem Buch „Celebration of Discipline": „Einer, der noch nie Jogging gemacht hat, sollte sich nicht gleich einen 50 km-Marathon zumuten."

Wir werden wahrscheinlich nicht täglich drei Stunden Gebet durchstehen, wenn es bisher nicht einmal 15 Minuten am Tag waren. Indem wir unser Ziel so einrichten, daß wir es auch schaffen können, gewinnen wir Vertrauen in weitere Verbesserungen.

Durchhalten

Anfangen geht leicht, aber dabei bleiben fällt schwer. Wenn wir stetige Beter werden wollen, müssen wir Ausdauer entwickeln. Es geht nicht darum, einen großen Anfang mit Glanz und Gloria zu machen und dann abzusacken, sondern treu dabei zu bleiben und durchzuhalten. Tag um Tag, Woche um Woche, Monat um Monat, Jahr um Jahr. Wir müssen uns auf einen Langstreckenlauf einstellen, nicht auf einen Sprint.

Erinnerst du dich an die Bibelstelle, wo Jesus uns lehrt, zu bitten, zu suchen und anzuklopfen? (Lukas 11,9). Im Griechischen sind die Verben in der Dauerform. Man könnte deshalb so sagen: Bitte und bleibe beim Bitten. Suche und bleibe beim Suchen. Klopfe an und bleibe beim Anklopfen. Die Notwendigkeit der Ausdauer wird hier deutlich.

Heute, wo Gott die Gemeinde neu ansporrnt und zur Evangelisation der Welt vorbereitet, richtet Er den Ruf an uns, die tägliche Begegnung mit Ihm im Gebet zu suchen. Es genügt nicht, intellektuell zuzustimmen, daß Gebet wichtig ist, sondern wir brauchen konkrete Beständigkeit im Gebet.

Stellen wir uns diesem Ruf. Denken wir an die Ausdauer der Witwe in Lukas 18,1-8, die dem Richter keine Ruhe ließ, bis er ihrer Bitte entsprach.

Laßt uns beständig vor unseren lieben himmlischen Vater kommen. Wenn wir das tun, werden wir den Himmel offen sehen, werden erleben, wie Er der Gemeinde einen Aufbruch schenkt und wie die Welt mit dem Evangelium erreicht wird. So soll es bleiben bis zu Jesu Wiederkunft.

„*Um Zions willen will ich nicht schweigen, und um Jerusalems willen will ich nicht innehalten, bis seine Gerechtigkeit aufgehe wie ein Glanz und sein Heil brenne wie eine Fackel*“ (Jesaja 62,1).

Teil V

Unsere göttliche Bestimmung: Zur Belebung der Gemeinde beizutragen, damit die Welt erreicht werden kann

„Schreib auf,
was du geschaut hast, deutlich auf eine Tafel,
daß es lesen könne, wer vorüberläuft!
Die Weissagung wird ja noch erfüllt werden
zu ihrer Zeit und wird endlich frei an den Tag kommen
und nicht trügen. Wenn sie sich auch hinzieht,
so harre ihrer; sie wird gewiß kommen
und nicht ausbleiben“
(Habakuk 2,2-3).

11. Kapitel

Was geht zur Zeit in der Welt vor?

Eines Abends, während einer Pause bei einer Konferenz, bei der ich Redner war, unternahm ich einen kleinen Entspannungsspaziergang in die Umgebung. Das Geräusch von Musik und Stimmen zog mich in eine bestimmte Richtung. Ich kam an eine Staße, die wegen einer Feier abgesperrt war. Teenager tanzten, und dröhnende Rockmusik aus Lautsprechern war ihre Begleitung. Der Text eines Liedes ließ mich jedoch aufhorchen:

> „Stoß mich nicht, ich bin ganz am Abgrund.
> Ich versuchte, nicht den Kopf zu verlieren.
> Alles geht drunter und drüber,
> und ich frage mich,
> wie ich hier herauskommen kann."
> („The Message" von Grandmaster Flash)

Mir war es, als ob das Schreien des Sängers genau das ausdrückte, was diese Generation empfindet.

Wir alle wissen, daß sich die Zeiten ändern. Aber erfassen wir wirklich, wie ernst und dramatisch die Änderungen in unseren Tagen sind? Wenn wir die göttliche Bestimmung, die für unsere Generation gilt, erfüllen wollen, müssen wir auch die gegenwärtige Lage der Welt und der Gemeinde verstehen lernen.

Der Einfluß des Christentums nimmt zusehends ab. Christliche Werte, die während Jahrhunderten Geltung hatten, werden heute innerhalb einer Generation abgetan.

Dinge, die wir vor 20 Jahren noch als unmöglich angesehen haben, sind heute alltäglich. Damals waren sich die meisten Leute einig, daß Abtreibung Mord, Homosexualität Perversion und Pornographie unsittlich ist. Das „erleuchtete" Denken unserer Zeit kommt aber zu dem Schluß, daß es keine moralischen Absoluta gibt.

Sogar Dr. Benjamin Spock, dessen „Baby und Childcare" der Ratgeber von Millionen von Eltern war, sagt nun, daß ein Zusammenleben vor der Heirat für die älteren Teenager gut sein könne.

„Ich halte es für möglich, daß Teile dieses Landes so tief gesunken sind, wie es noch nie der Fall war", sagt Billy Graham. „Kein Reich in der Geschichte konnte in dieser Richtung weitergehen und lange bestehen. Ich glaube, die größte Bedrohung für unser Land ist der moralische Zerfall."

Breite Teile der Bevölkerung haben einfach die Fähigkeit verloren, das Rechte vom Falschen zu unterscheiden. Weil sie die Wahrheit ablehnten, sind sie in Torheit gefallen.

Die moderne Gesellschaft erfährt nicht nur eine zeitweilige Funktionsstörung, sondern einen vollständigen moralischen Zusammenbruch. Bildlich gesprochen: Das Haus ist nicht nur so feucht, daß sich die Tapeten ablösen, sondern das ganze Fundament ist morsch und die Mauern stürzen ein.

Die Situation unserer Tage gleicht der Schilderung des Apostels Paulus im Römerbief. Dort können wir eine Abwärtsspirale erkennen, die von der Ablehnung der Wahrheit zum Abhandenkommen des Unterscheidungsvermögens und zum moralischen Niedergang führt:

„Denn Gottes Zorn wird vom Himmel her offenbart über alles gottlose Wesen und alle Ungerechtigkeit der Menschen, die die Wahrheit durch Ungerechtigkeit niederhalten.

Denn was man von Gott erkennen kann, ist unter ihnen offenbar; denn Gott hat es ihnen offenbart. Denn obwohl sie von Gott wußten, haben sie Ihn nicht als Gott gepriesen noch Ihm gedankt, sondern sind dem Nichtigen verfallen in ihren Gedanken, und ihr unverständiges Herz ist verfinstert. Da sie sich für Weise hielten, sind sie zu Narren geworden.

Darum hat Gott sie in den Begierden ihrer Herzen dahingegeben in die Unreinheit, so daß ihre Leiber durch sie selbst geschändet werden.

Und wie sie es für nichts geachtet haben, Gott zu erkennen, hat sie Gott dahingegeben in verkehrten Sinn, so daß sie tun, was nicht recht ist, voll von aller Ungerechtigkeit, Schlechtigkeit, Habgier, Bosheit, voll Neid, Mord, Hader, List, Niedertracht; Zuträger, Verleumder, Gottesverächter, Frevler, hochmütig, prahlerisch, erfinderisch im Bösen, den Eltern ungehorsam, unvernünftig, treulos, lieblos, unbarmherzig.

Sie wissen, daß, die solches tun, nach Gottes Recht den Tod verdienen; aber sie tun es nicht allein, sondern haben auch Gefallen an denen, die es tun" (Römer 1,18-19.21-22.24.28-32).

Den moralischen Zerfall erleben wir auf allen Gebieten:

Familie

Die Scheidungsziffern steigen immer weiter. Unzählige Kinder leben in zerbrochenen Familien. Und doch fährt man in Fernsehen, Radio, Film, Zeitungen, Büchern und Magazinen fort, die biblischen Werte bezüglich der Familie als überholt und als Einschränkung der persönlichen Freiheit darzustellen.

Sexualmoral

Teenager-Schwangerschaften sind in den vergangenen Jahren rapid angestiegen, trotz eines noch nie dagewesenen Angebots von Verhütungsmitteln und Abtreibungsmöglichkeiten. Viele leiden an Herpes und sind mit AIDS angesteckt worden. Der sexuelle Mißbrauch von Kindern hat zugenommen. Das Milliarden-Dollar-Pornographie-Geschäft floriert unter dem Schutz gerichtlich gesicherter Rechte.

Außerdem berichten die Medien ständig davon, wie glänzend es prominenten Persönlichkeiten (und Jugendliche neigen dazu, ihnen nachzueifern) geht, die offen in Sünde leben. Ehebruch, Unzucht und Homosexualität werden als normale Ausdrucksmöglichkeiten der Liebe hingestellt.

Abtreibung

Millionen von ungeborenen Kindern werden im Mutterleib umgebracht: alle 20 Sekunden eines. Der Arzt, der die Erlaubnis der Eltern einholen muß, um eine Mandeloperation durchzuführen, braucht sie nicht, wenn er eine Abtreibung an demselben Teenager vornehmen will.

Ein großer Arzneimittelhersteller entwickelt ein Do-it-yourself-Abtreibungsmittel: Ein Zäpfchen, mit dem man die Abtreibung nicht mehr in Kliniken und Krankenhäusern vornehmen lassen muß, sondern mit dem man sie selbst zu Hause im Badezimmer vornehmen kann.

Rebellion der Jugend

Gott warnte Sein Volk schon vor langer Zeit: *„Wenn du aber nicht gehorchen wirst der Stimme des Herrn, deines Gottes . . . werden deine Söhne und deine Töchter einem anderen Volk gegeben werden“* (5. Mose 15,32). Heute finden die Eltern mehr und mehr, daß sie nicht fähig sind, mit den Jugendlichen fertigzuwerden, die an Drogen, destruktiver Musik, sexueller Unmoral und Okkultismus hängen.

Verbrechen

In den Vereinigten Staaten findet, statistisch gesehen, alle 24 Minuten ein Mord statt, alle 7 Minuten eine Vergewaltigung und alle zehn Sekunden ein Einbruch. Aber unsere Fähigkeit, Verbrechen einzudämmen und der Täter habhaft zu werden, ist mehr und mehr am Schwinden.

Atom-Terrorismus

Da mehr und mehr Länder der Welt Atommächte werden, vergrößern sich die Chancen, daß ein Verrückter auf den Knopf drückt oder daß durch eine Fehleinschätzung der Lage eine Kettenreaktion ausgelöst wird, die zur Zerstörung des größten Teils der Welt führt.

Die Verweltlichung der Kirchen

In seiner klassischen Studie „Aufstieg und Niedergang des Römischen Reiches“ gibt Edward Gibbon fünf Hauptgründe an, die zur Auflösung dieser einst mächtigen Kultur führten: Zusammenbruch der Familie, wirtschaftliche Umwälzungen, Sex- und Vergnügungssucht, Betonung des Militarismus und der Verfall des Christentums von geistlicher Lebendigkeit zu leerer Formalität.

Wird das Volk Gottes aus dem Schlaf erwachen, wenn es heute die gleichen Warnzeichen in Amerika und Europa sieht? Obwohl es nicht populär ist, müssen wir brutal ernst sein bezüglich des Zustands der christlichen Kirchen: Dieselbe Verwirrung und Kompromißbereitschaft, wie sie in unserer Gesellschaft anzutreffen ist, tritt auch in den Kirchen zutage.

Zum Beispiel:

- Die United Methodist Church, die zweitgrößte protestantische Denomination in den USA, ordiniert sich offen zur Homosexualität bekennende Pastorenanwärter.
- Eine Episcopal Cathedrale in New York enthüllte kürzlich ein Denkmal. Die Statue trug den Namen „Die Christa“ — ein bronzener weiblicher „Jesus“ mit offenen Brüsten und runden Hüften.
- The Presbyterian Church gab anläßlich ihrer 195. Generalversammlung eine Erklärung heraus, die die 1973 vom obersten Gericht legalisierte Abtreibung bestätigt und sich gegen alle Maßnahmen wendet, die den vollen und für alle Frauen gleichen Zugang zu Verhütungsmitteln und zur Abtreibung irgendwie einschränkt.

Man braucht sich nicht zu wundern, daß sich breite Kreise der Kirche nicht mehr von der Welt unterscheiden und ihre Fähigkeit, auf die Welt einzuwirken, ständig abnimmt. Als ein größeres Nachrichtenmagazin eine Rangfolge der 30 den größten Einfluß ausübenden Berufe und Institutionen aufstellte, kamen die religiösen Organisationen auf die viertletzte Stelle.

Was für eine Antwort gibt es auf diese Probleme, denen wir als Volk Gottes gegenüberstehen? Ganz klar: Es genügen keine künstlichen, kosmetischen Verschönerungen oder ein paar neue Komitees und Programme. Die Probleme gehen weit tiefer und deshalb muß die Lösung auch tief gehen.

Die Worte, die Paul Kopp bei der nationalen Konferenz der amerikanischen Baptistengemeinden an die Versammelten richtete, sind es wert, hier wiedergegeben zu werden:

„Wir nehmen das alte, müde Pferd, bei dem schon die Rippen zu sehen sind und bei dem fast nichts mehr übrig ist als Knochen, legen einen ganz neuen Sattel auf, nehmen eine neue Peitsche und steigen wieder auf. Mit ein paar Schlägen und Sporengeben schafft der alte Klepper tatsächlich wieder ein paar Schritte, aber dann geht es nicht mehr.

Nun sagen wir: 'Mit dem Sattel und der Peitsche stimmt etwas nicht!' Man bringt neue und verwendet sie, aber das Resultat ist das gleiche. So oft werden Denominationen mit neuen Programmen gesattelt und wieder gesattelt, aber ohne echten geistlichen Fortschritt. In Wirklichkeit bedarf es neuer geistlicher Kraft!"

Der schlimme Zustand der christlichen Kirchen sollte uns allerdings nicht überraschen. Hat Gott nicht schon darauf hingewiesen?: *„Der Geist aber sagt deutlich, daß in den letzten Zeiten einige von dem Glauben abfallen werden und verführerischen Geistern ... anhängen werden"* (1. Timotheus 4,1).

Und in 2. Timotheus 3,1.4-5 heißt es: *„Das sollst du aber wissen, daß in den letzten Tagen schlimme Zeiten kommen werden. Sie lieben die Wollust mehr als Gott. Sie haben den Schein der Frömmigkeit, aber deren Kraft verleugnen sie."*

Hier wird nicht gesagt, daß die Menschen nicht religiös sein werden, Gottesdienste besuchen und mit der Bibel kommen werden. Sie haben den Schein der Frömmigkeit, aber sie verleugnen gleichzeitig die Kraft Gottes, die das Leben verändert.

Wie wird sich das weiter entwickeln? Was hat Gott vor? Ralph Martin, längere Zeit einer der führenden Leute der charismatischen Erneuerungsbewegung, ist überzeugt, daß der Mangel an geistlichem Leben und geistlicher Kraft, an Bekehrten und an Jugend und der Austritt leitender Persönlichkeiten alles Manifestationen des Gerichts Gottes sind.

Wir können nicht all das, was um uns her geschieht, in den Griff bekommen und umwenden und müssen erkennen, daß es auch ein Gericht Gottes für die Welt und die Kirche gibt.

Dieses Gericht soll aber gleichzeitig ein Wecker für die Menschen sein, sich dem Heil in Christus und einer Gemeinde zuzuwenden, in der neutestamentliches Christentum verwirklicht wird.

Darüber hinaus soll Gottes Gericht auch die Gläubigen aus

ihrer Selbstgefälligkeit und Gleichgültigkeit herausreißen, so daß sie sich mit neuer Hingabe der Verwirklichung der Absichten Gottes widmen.

Dann wird alles, was unbiblisch ist und Leben und Auftrag der Christen unterminiert, entfernt und damit wird alles, was an Kraft und Gaben verlorengegangen ist, wiedergewonnen.

Die Absicht Gottes in unserer Zeit ist nicht die Erneuerung einiger Aspekte des bisherigen kirchlichen Lebens, sondern die Rückführung zum herrlichen neutestamentlichen Christenleben. Ist das überspitzt? Nein! Es ist äußerst biblisch. Neubelebung der Gemeinde ist nicht einfach eine weitere gute Idee. Es ist Gottes Kampfplan für die Endzeit: *„Wenn die Posaune einen undeutlichen Ton gibt, wer wird sich zum Kampf rüsten?"* (1. Korinther 14,8).

Ich habe bereits von dem schrecklichen Morden an ungeborenen Kindern gesprochen, das in unserem Land aufgrund der legalisierten Abtreibung weiter anhält. Ich kann mir nicht helfen, ich habe einfach den Eindruck, daß dies auch für Gottes Vorgehen in unseren Tagen Gewicht hat.

Satan ist schon zu anderen Zeiten ausgegangen, um durch die Ermordung von kleinen Kindern Gottes heilsgeschichtlichen Plan zu torpedieren. Als das Volk Israel in Ägypten war, ließ Pharao eine große Anzahl Kinder töten, um seine Herrschaft nicht zu verlieren.

Jahrhunderte später, als Gott Seinen Sohn als Retter auf die Welt sandte, ließ Herodes unschuldige Kinder töten, um das Werk Gottes aufzuhalten.

Könnte es sein, daß Satan ein weiteres Mal versucht, Gottes Pläne zu vereiteln, indem er ungeborene Kinder tötet, die Gott dazu bestimmt hat, Seine Pläne zu erfüllen?

Aber genauso, wie es ihm mißlang, Mose und Jesu Leben auszulöschen, genauso wird es ihm mißlingen, die Neubelebung der Gemeinde zu vereiteln.

Gott bereitet bereits in unscheinbarer Art Seine Gemeinde auf die Zeit vor, wo sie das Licht in der Dunkelheit der Welt sein wird. *„Denn siehe, Finsternis bedeckt das Erdreich und Dunkel die Völker; aber über dir geht auf der Herr, und Seine Herrlichkeit erscheint über dir. Und die Heiden werden zu deinem Lichte ziehen"* (Jesaja 60,2-3).

Widerstand wird sicher kommen, aber Gott wird ihn dazu

gebrauchen, daß die Gemeinde erstarkt, und Er wird ihr große Überzeugungskraft verleihen. Je größer der Widerstand, desto größer kann Gottes Herrlichkeit durch Seine erneuerte Gemeinde hervortreten.

Laßt uns ein Leben in Gottes Bestimmung führen: „*Wenn ihr bedenkt, daß alles auf diese Weise vergehen wird, was für ein Ansporn muß das für euch sein, ein Leben zu führen, das Gott gefällt! Lebt in der Erwartung des großen Tages, den Gott heraufführen wird. Tut das Eure dazu, daß er bald kommen kann*" (2. Petrus 3,11-12 GN).

Bevor wir die erneuerte Gemeinde betrachten, wollen wir zuerst sehen, was für Männer und Frauen wir sein sollen, um Gottes Absichten zu verwirklichen.

12. Kapitel

Die Zeit ist gekommen

Wie sollen wir uns angesichts des moralischen Zerfalls der Gesellschaft und der Verwirrung und der Kompromisse in der christlichen Welt verhalten?

Der Theologe Carl Henry hat gesagt, daß es nun für die echten Christen Zeit ist, aufzustehen und kühn Zeugen der heiligen Weisungen Gottes zu sein. Der verstorbene Francis Schaeffer erklärte, daß wir nun den Preis der Hingabe zahlen müssen, egal wie hoch er ist.

Gott hat uns in Seinem Wort erklärt, daß wir in den letzten Tagen Zeuge einer sich vertiefenden Dunkelheit über den Nationen sein werden, aber auch des immer mehr zunehmenden Lichts über Seiner wahren Gemeinde (siehe Jesaja 60). In diesen unruhigen, schwierigen Zeiten, wo die Menschen das ganze Spektrum der Sünde ausschöpfen, bereitet Jesus Seine Braut zu.

Der Heilige Geist gebraucht die gegenwärtige Situation in unserer Gesellschaft und den Kirchen, um die Christen echten biblischen Glaubens einander näher zu bringen. Er siebt die aus, die nur religiöse Spielerei zu ihrem eigenen Nutzen vorführen. Gegen diesen Hintergrund stellt er Seine herrliche Gemeinde in Reinheit und Kraft dar.

Satan weiß, daß er wenig Zeit hat (Offenbarung 12,12). Er sieht, wie die Gemeinde erwacht und die Wiederkunft Christi vor der Tür steht und es bald um seine Macht geschehen ist. Die Christen gehören nicht zu den Verlierern, sondern zu den Siegern.

Nicht alle werden sich bekehren, aber sie werden mit der Botschaft und dem Wirken Gottes konfrontiert. Nicht alle werden uns gern haben und mit uns übereinstimmen, aber sie werden die Botschaft hören.

Ich habe den Eindruck, daß Gott den Gläubigen in dieser Zeit besonders drei Dinge ans Herz legen möchte:

1. Es ist Zeit für uns, Gottes gerechten Zorn zu teilen

Jemand forderte mich einmal mit dieser Aussage heraus: „Du weißt, es ist Sünde, über etwas zornig zu sein, über das Gott nicht zornig ist. Aber hast du jemals daran gedacht, daß es Sünde ist, nicht zornig zu sein über die Dinge, über die Gott zornig ist?"

Vom Zorn Gottes wird mehr als fünfhundertmal in der Bibel gesprochen. Das griechische Wort hat von der Wurzel her die Bedeutung, heftig oder schwer zu atmen. Es spricht von einem Ungehaltensein. Der heilige Haß, den Gott auf die Sünde hat, ist, so Dr. James Orr, Sein Eifer für die Aufrechterhaltung Seiner Heiligkeit und Ehre. Aber darf ein Christ rechtmäßig zornig werden?

Er darf nicht nur, in bestimmten Situationen muß er es sogar. Epheser 4,26 sagt: *„Zürnet, aber sündigt dabei nicht"* (Elberf.). Das ist eine Anweisung. Es ist keine Entschuldigung für Temperamentsausbrüche, sondern eine biblische Basis, im rechten Geist den heiligen Zorn Gottes auszudrücken.

In der Bibel lesen wir, wie heilige Menschen rechtmäßig zornig wurden. Lies, was Paulus in Athen empfand: *„Während Paulus in Athen auf sie wartete, erfaßte ihn heftiger Zorn; denn er sah die Stadt voll von Götzenbildern"* (Apostelgeschichte 17,16 EÜ). Der Psalmist sagt: *„Zorn erfaßt mich über die Gottlosen, die Dein Gesetz verlassen"* (Psalm 119,53). Von Jesus steht geschrieben, daß er die Gerechtigkeit liebte und die Ungerechtigkeit haßte (Hebräer 1,9).

So wie Jesus zornig diejenigen austrieb, die Gottes Tempel zu einer Räuberhöhle gemacht hatten, so müssen wir heute zornig gegen die Mächte sein, die versuchen, den neuen Tempel Gottes, die Gemeinde, zu verunreinigen. Still und teilnahmslos zu sein bedeutet hier, untreu zu sein.

2. Es ist Zeit, sich das ungenügende Leben der Kirchen, wie wir sie kennen, einzugestehen

In unseren Herzen sollte eine Vision für die Gemeinde sein, wie Gott sie haben möchte. Halbherzigkeit ist von Übel. Wir sollen bereit sein, alles zu tun, um am echten neutestamentlichen Christentum teilzuhaben.

Wie sieht das Gemeindeleben einer neutestamentlich ausgerichteten Gemeinde aus? Ich glaube, die folgenden zwölf Merkmale sind wesentliche Zeichen einer soliden, biblisch gegründeten Gemeinde:

1. Jesus wird als Sohn Gottes gepriesen, der von den Toten auferstand und Herr des Universums ist (Apostelgeschichte 2, 22-24).
2. Die Bibel wird in Ehren gehalten und mit Autorität gelehrt als Gottes offenbarter Wille für uns (2. Timotheus 3,16).
3. Freiheit und Lebendigkeit in Anbetung und im ganzen Gottesdienst sind vorhanden (Kolosser 3,16; Psalm 150).
4. Die Liebe findet Ausdruck im Dienen, in Ehrerweisung und Gastfreundschaft (Johannes 13,34-35).
5. Die Schar der Gläubigen fühlt sich wie eine große Familie (Apostelgeschichte 2,42-47; 5,42).
6. Hingabe und Verbindlichkeit, nicht Bequemlichkeit, zeichnen das Leben der Gläubigen aus (Apostelgeschichte 2,42-47).
7. Die Leiter haben eine fürsorgliche Hirtengesinnung und schrecken nicht davor zurück, biblische Autorität auszuüben (1. Petrus 5,2; Hebräer 13,17).
8. Die Leiter zeigen eine vorbildliche Lebensführung (Unbescholtenheit, Treue, Demut) und sind nicht nur begabte Redner (1. Timotheus 3,1-13).
9. Die Gaben, die der Gemeinde zum Wachstum gegeben sind, sind bekannt und ihre Ausübung ist frei erlaubt (Römer 12, 4-8).
10. Es ist evangelistische Stoßkraft vorhanden, so daß Außenstehende mit der guten Nachricht von Jesus Christus erreicht werden (Matthäus 28,19-20).
11. Es herrscht kein trockenes, leeres Zeremoniell, sondern da ist Substanz, Realität, Bedeutung (2. Timotheus 3,5).
12. Das Leben der Menschen ist sichtbar verändert, und sie setzen sich für die Belange des Reiches Gottes ein (Römer 12,2).

Diese Dinge findest du nicht nur in der Bibel, sie sind vom Sinn her auch in unsere Herzen eingeschrieben. Irgendwie wissen wir tief innen, daß es Gottes Absicht ist, daß wir einen Platz in einer Gemeinde ausfüllen, bei der die Frömmigkeit nicht nur optisch, sondern im Wesen vorhanden ist.

Wir mögen in traditionellen Gottesdiensten, in Bibel- und Gebetsstunden, in Hauskreisen und anderswo Segnungen empfangen haben und sollten dankbar dafür sein, aber wir sollten darüber nicht das Anliegen aus den Augen verlieren, daß die Fülle neutestamentlichen Christentums zum Ausdruck kommen sollte.

Verzweifelte Zeiten verlangen verzweifelte Aktionen. Im gleichen Abschnitt, in dem Paulus Timotheus davor warnt, daß die Menschen in den letzten Tagen viel von sich halten und geldgierig, prahlerisch, hochmütig und Lästerer sein werden, daß sie die Wollust mehr lieben als Gott und sie den Schein der Frömmigkeit haben, aber deren Kraft verleugnen, gibt er auch klare Anweisung, wie man sich ihnen gegenüber verhalten soll: *„Solche Menschen meide!“* (siehe 2. Timotheus 3,1-5).

Unser Gott ist auch ein Gott der Neuheit. Wir lesen vom Neuen Bund, von einem neuen Herzen, einem neuen Namen, vom Singen eines neuen Liedes und von der Verkündigung eines neuen und lebendigen Weges. *„Denn siehe, Ich will ein Neues schaffen! Jetzt wächst es auf, erkennt ihr's denn nicht?“* (Jesaja 43,19).

Deshalb sollten wir auch für Neues offen sein. Natürlich kommt es darauf an, was das Neue beinhaltet. Die Athener hatten anscheinend damals nichts anderes im Sinn, als immer nur Neues zu hören, wie banal es auch sein mochte (Apostelgeschichte 17,21). Das wäre nicht die richtige Einstellung.

Aber wie die Israeliten sich aufmachten, wenn sich die Wolkenbzw. Feuersäule in Bewegung setzte, sollten auch wir auf den Heiligen Geist eingehen und Schritt mit Ihm halten. Wir sollten uns aufmachen, wenn wir spüren, daß Er uns dazu bewegen möchte.

Gottes Auftrag ist nicht „bleibet sitzen“, sondern „gehet hin“. Wir sollen eine Pioniergesinnung haben. Ein Pionier ist ein Bahnbrecher, einer, der neues Land einnimmt. Im geistlichen Bereich können wir nur Land einnehmen, wenn wir im Glauben vorwärts gehen. Unsere menschliche Neigung ist es, immer da zu bleiben, wo es sicher und bequem ist. Jemand hat einmal gesagt: „Du lernst Glauben nicht in bequemen Situationen.“

Die Schrift gibt uns Beispiele von Männern und Frauen, die nicht offen für das Neue waren und dadurch Schaden erlitten:

Mose versagte dabei, neu auf die Stimme Gottes einzugehen.

Es wurde ihm befohlen, den Felsen zu schlagen, damit Wasser hervorkäme (2. Mose 17,6). Später bekam er aber den Auftrag, zum Felsen zu sprechen (4. Mose 20,8). Aber statt zu sprechen, hielt er sich an das alte Konzept und schlug den Felsen mit dem Stab. Er meinte, das beibehalten zu können, was Gott ihn früher zu tun anwies. Das Ergebnis: Auch er konnte nicht in das verheißene Land eingehen.

Jonathan, der Sohn Sauls, saß zur Rechten Davids, aber als Saul Gottes Salbung verlor, versäumte Jonathan es, klar mit Saul zu brechen und sich ganz auf Davids Seite zu stellen. Er ging ins alte Fahrwasser und seines Vaters Haus zurück. Er verlor nicht nur sein Erbe neben David, er starb auch einen tragischen, unzeitigen Tod an der Seite Sauls.

Es wird uns gesagt, daß Hiskia Gott gefiel, als er die eherne Schlange zerschlug (2. Könige 18,3-4). Warum gefiel das Gott? Hatte nicht Gott selbst Mose befohlen, eine eherne Schlange zu machen, um die Israeliten wunderbar zu heilen (4. Mose 21,8)?

Ja, aber inzwischen waren Jahre vergangen, und es war dazu gekommen, daß das Volk Gottes diese Schlange anbetete!

Laßt uns offen sein für das Neue, das der Herr in unserem persönlichen Leben und in der Gemeinde tun will.

Viele von uns, die eine persönliche Erneuerung erfahren durften, können bestätigen, daß ein Prozeß voranging, der sich etwa wie folgt darstellen läßt („Die fünf E“):

Entscheidung

Nachdem wir über Jahre hinweg routinemäßig am Sonntagmorgen einen Gottesdienst besuchen, erkennen wir unsere Erlösungsbedürftigkeit. Wir übergeben unser Leben Christus und werden im Heiligen Geist getauft.

Entdeckung

Wir finden ein neues Lebenskonzept durch Leben im Geist Gottes. Die Bibel wird lebendig. Gebetsversammlungen und Konferenzen werden Höhepunkte unseres Lebens. Die Weitergabe unseres Glaubens an andere geschieht mit großem Eifer.

Engagement

Hochmotiviert und idealistisch ausgerichtet gehen wir ans Werk. Wir hegen eine große Vision: Meine Gemeinde, meine Stadt, meine Region ... sollen eine totale Erneuerung erleben. Gott wird es tun!

Enttäuschung

Drei oder fünf Jahre später ist unser Eifer erlahmt, und wir fühlen uns ausgebrannt. Wir tauchen nicht mehr so oft in den Versammlungen auf. Wir fragen uns, was das alles genützt hat. Warum haben so wenige mitgezogen? Warum ist so wenig dabei herausgekommen?

Ergebnis

In dieser Situation gibt es dann hauptsächlich drei Verhaltensweisen:

— Einige übergehen das Wirken des Heiligen Geistes. Sie kommen sogar in Zweifel über die Echtheit ihres Glaubens: „Vielleicht war alles nur psychologisch bedingt. Manches, was ich damals als falsch angesehen habe, würde ich heute nicht mehr so einschätzen. Nichtsdestoweniger: Gott liebt uns!“
— Andere spüren, wie Gott an ihrem Herzen wirkt. Aber auch sie gehen nicht von ganzem Herzen darauf ein und leben daher ständig in Niedergeschlagenheit: „Warum kann nicht alles so sein, wie es früher war? Diese Zeiten kommen anscheinend nie mehr wieder. Das macht so traurig.“
— Und dann gibt es die, die sich nicht beirren lassen und nicht das Handtuch werfen. Sie spüren die Dringlichkeit der Stunde: Gott stellt die Weichen für die Wiederkunft Jesu. In dem Wissen, daß Gott dabei ist zu handeln, geben sie sich Ihm hin und folgen Ihm nach, wo immer Er sie führt. Diese Entschiedenheit bringt sie in die von Gott gesetzte Bestimmung.

3. Es ist Zeit zu erkennen, daß wir inmitten einer ablehnenden Gesellschaft den sicheren Hort der Gemeinde brauchen

In unserer technisierten Gesellschaft, wo echte Beziehungen Mangelware geworden sind, dürfen Christen sich einer aufrichtigen, echten und festen Gemeinschaft erfreuen.

Schwierige Zeiten bringen die Christen einander näher, und man schätzt die Beziehung zum anderen viel mehr. In der Gemeinde kommt die Aufnahme herzlicher Beziehungen vor dem bloßen Gottesdienstbesuch.

In unserer neuheidnischen Kultur brauchen wir mehr denn je den Zusammenhalt der Gemeinde. Da kümmert sich einer um den anderen und bringt Opfer für ihn, wie wir es in der Apostelgeschichte von den ersten Christen lesen.

Als Gemeinschaft können wir auch mehr Gebetskraft entwickeln, besser geistinspirierte Ziele verfolgen denn als isolierte Einzelne. Die Endzeit wird eine starke Bruderschaft hervorbringen!

Ich bin der Überzeugung, daß Gott eine neue Generation von Männern und Frauen formt, die Pioniergesinnung hat. Sie lassen sich vom Heiligen Geist bewegen und sind bereit, neue Dinge zu lernen und alte zu verlernen — nämlich veraltete Traditionen und vorgefaßte Meinungen, die ein Hindernis sind. Sie kennen keine Ausreden oder Kompromisse und sind dabei, die ihnen von Gott zugewiesene Bestimmung zu erfüllen.

13. Kapitel

Die zukünftige Gemeinde

Als Christen, die ihre göttliche Bestimmung erfüllen möchten, wissen wir, daß es angesichts des gegenwärtigen Zustands der Kirche nicht genügt, nur die Hände zu ringen oder sich resigniert zurückzulehnen. Es steht uns auch nicht an, stolz darüber zu richten.

Vielmehr liegt unsere Bestimmung darin, mit Gott voranzugehen und zum erweckenden und erneuernden Werk zur Verfügung zu stehen. Gott tut etwas! Ich glaube, daß wir in dieser Zeit Zeugen werden, wie die zukünftige Gemeinde hervorbricht. Gott formt im Verborgenen dieses Instrument, mit dem er die Nationen erreichen will. Was im Kleinen begann, von vielen gar nicht wahrgenommen, wird langsam aber sicher weite Kreise ziehen.

In diesem Kapitel möchte ich drei Kennzeichen der Gemeinde der Zukunft aufzeigen, die sich schon jetzt entfalten:

Sie ist radikal biblisch

„Die große Mehrheit der Leute, die den Kirchen und Gemeinden zugehören, sind keine Christen. Ich sage das ohne die Befürchtung, widerlegt zu werden. Ich gründe diese Aussage auf die Erfahrung mit Zehntausenden von Menschen in den vergangenen 24 Jahren."

Wer hat sich so schonungslos geäußert? Vielleicht ein fanatischer christlicher Extremist, der in Rage geraten ist? Nein, diese Feststellung stammt von dem bekannten und hochgeachteten Pastor Dr. D. James Kennedy, der einer 6500 Mitglieder starken Gemeinde vorsteht.

Er ist nicht selbstgerecht, sondern bloß ehrlich, wenn er sagt, daß viele Menschen, die sich Christen nennen, niemals aufrichtig zu Buße und Glauben gelangt sind. Sie haben nie diese Veränderung ihrer Haltung zu sich selbst und Gott erlebt, wie sie in Lukas 9,23 ausgedrückt wird: *„Wer Mir folgen will, der verleugne sich selbst und nehme sein Kreuz auf sich täglich und folge Mir nach."*

Dr. Kennedy ist nicht der einzige, der sich so äußert. Ein hochrangiger katholischer Geistlicher hat die Tatsache beklagt, daß unsere Leute sakramentalisiert, aber nicht evangelisiert wurden. Diese Beschreibug paßt auch auf die ersten 20 Jahre meines Lebens.

Ein echter Jünger Jesu muß radikal sein. Nicht radikal im politischen Sinn, sondern im Sinne des lateinischen Worts, von dem unser Wort kommt: *radix = Wurzel*. Christen sind Menschen, die von der Wurzel her verändert worden sind.

Sie haben eine Veränderung erfahren, die so radikal ist, daß sie sich im äußeren Verhalten einfach niederschlagen muß. Das ist die Art Veränderung, auf die Johannes der Täufer aus war, als er seinen Zuhörern sagte, sie sollten rechtschaffene Frucht der Buße bringen (Matthäus 3,8).

Jesus selbst sagt: *„So auch jeder unter euch, der sich nicht lossagt von allem, was er hat, der kann nicht Mein Jünger sein"* (Lukas 14,33). *„Es werden nicht alle, die zu mir sagen: Herr, Herr! in das Himmelreich kommen, sondern die den Willen tun Meines Vaters im Himmel"* (Matthäus 7,21).

In einem Report berichtet David Wilkerson von einer ungewöhnlichen Erfahrung, die er während einer Straßenversammlung machte. Zwei Prostituierte kamen zu ihm und baten ihn, für sie zu beten: „Bitte des Herrn Segen auf uns herab und bete, daß Gott uns hilft, anderen zu helfen und sie zu lieben."

Wilkerson fragte sie, ob sie nicht Gebet dafür wollten, gerettet zu werden und von der Prostitution loszukommen. Er war schokkiert, als sie ihm berichteten, daß sie gerettet seien. „In der Bibel steht: ‚Alles ist mir erlaubt'", erklärten sie. „Wir haben Freude an dem, was wir tun, und Gott möchte uns glücklich sehen. Wir werden geliebt, und wir lieben Gott. Dem Reinen ist alles rein. Unsere Gedanken sind rein, und unsere Prostitution auch."

„Ich konnte sie nicht davon überzeugen, daß sie Sünder waren und Christi Gebote brachen", berichtet Wilkerson. „Jemand hatte ihnen eine Botschaft der Gnade ohne Buße und Trennung von der Welt beigebracht!"

Vom Neuen Testament her ist es unmöglich, Jesus als Retter anzunehmen, ohne Ihn gleichzeitig als Herrn anzuerkennen.

Heute ruft uns Gott aus der Blindheit heraus zum Sehen. Er möchte Seine Gemeinde von der heimtückischen Irrlehre befreien, die die Erlösung ohne Umkehr predigt: wo die Leute zum Glauben aufgerufen werden, aber nicht zum Gehorsam.

In Apostelgeschichte 17,30 lesen wir: *„Zwar hat Gott über die Zeit der Unwissenheit hinweggesehen; nun aber gebietet Er den Menschen, daß alle an allen Enden Buße tun.“*

Wenn wir uns unter die liebende Herrschaft des Herrn Jesus Christus begeben, räumen wir Ihm das Recht ein, über unser Leben zu bestimmen. Wenn wir uns vergegenwärtigen, daß Er Sein ganzes Leben um unseretwillen dahingab, können wir Ihm dann weniger geben?

Die Gemeinde der Zukunft ist radikal biblisch und steht damit im Gegensatz zu nur äußerlicher Form der Religiosität und zu leerem christlichen Bekenntnis. Die Gläubigen leben in einer ganzen Hingabe an den Herrn Jesus Christus.

Sie ist gemeinschaftsorientiert

In seinem Bestseller „Megatrends“ bemerkt John Naisbitt, daß der verläßlichste Weg, die Zukunft zu erkennen, das Verständnis der Gegenwart ist.

In den Vereinigten Staaten leben ungefähr 78 Millionen Bürger im Alter zwischen 17 und 31 Jahren. Das ist das Ergebnis des Baby-Booms der Generation nach dem Zweiten Weltkrieg. Dann gibt es noch weitere 54 Millionen im Alter unter 16 Jahren. Diese 132 Millionen werden den Weg unserer Gesellschaft in den neunziger Jahren und danach bestimmen.

Der „U.S. News und World Report“ stellte vor kurzem fest: „Diese reichste und bestausgebildetste Generation gestaltet fast alle Aspekte des amerikanischen Lebens um, von der Politik bis zum Familienleben. Die Kinder der sozialen Revolution, die jetzt in ihre mittleren Jahre kommen, bestimmen die kulturelle Landschaft für den Rest des Jahrhunderts.“

Die Zeichen des Einflusses dieser geburtenstarken Jahrgänge finden wir überall. In Anbetracht der Tatsache, daß diese Gruppe auf gesunde Ernährung achtet, haben sich die Fast-Food-

Restaurants entschlossen, in ihr Angebot mehr Salate und andere gesunde Nahrungsmittel aufzunehmen.

Hotels und Motels schaffen Jogging-Pfade, errichten Tennisplätze und Swimmingpools auf ihrem Gelände, um dem Interesse nach körperlicher Fitness zu entsprechen. Sogar die Leute von Levis ändern die Form ihrer Jeans, um sie dieser Gruppe anzupassen.

Wie steht die Kirche zu diesen geburtenstarken Jahrgängen? Erkennt sie, daß diese Generation mit dem Bild, der Musik und der Sprache des traditionellen religiösen Lebens wenig anfangen kann? Wie können sie aber mit dem Evangelium erreicht werden?

Jack Sims, der selbst dieser Generation angehört und dessen Wort als Christ ernstgenommen wird, sagt, daß diese Generation nach biblischem Leben und nicht nach biblischem Reden Ausschau hält.

Kirchen, die den Menschen unter 36 Jahren dienen wollen, müssen ihr fehlendes Interesse an der Religion, wie sie sich ihnen heute darstellt, verstehen. Kirchen, die nicht wirksam mit ihnen in Kommunikation treten können, werden langsam schrumpfen, da die Mitglieder älter und weniger werden und das Geld ausbleibt.

Die Menschen heute kennen keinen Zusammenhalt mehr. Die Familien brechen auseinander. Man hat keine engen Beziehungen zur Nachbarschaft. Dazu kommt das hektische Tempo unserer Gesellschaft. Die Massenflucht in die Welt der Videos und des Kabelfernsehens macht das ganze noch schlimmer.

Doch tief im Innern bleibt das Verlangen nach etwas Realem und nach Kontakten, die uns etwas bedeuten. Die Flüchtigkeit der Beziehungen macht die Menschen unruhig und unsicher. Sie suchen nach Freundschaft, wollen akzeptiert werden, sehnen sich nach Liebe. Wenn aber diese Grundbedürfnisse nicht befriedigt werden, werden die Menschen noch unsicherer und ziehen sich noch mehr zurück.

Die Werbungsbranche kennt diesen Hunger und geht z. B. in der Fernsehwerbung auf diese Bedürfnisse ein. Wir sehen Menschen in vertrautem Gespräch. Untermalt wird dies mit sanften Geigenklängen. Oder wir sehen, wie sich ein Mann und eine Frau aneinanderschmiegen, während eine Tasse frischgebrühten Kaffees dampft. Alles ist so schön, so harmonisch, so einladend.

Die Fernsehzuschauer werden sich immer wieder, wenn sie die gezeigten Bilder mit ihrem Alltag vergleichen, ihrer Defizite bewußt und sind unglücklich, weil es bei ihnen nicht so ist.

Gott möchte unsere Bedürfnisse an menschlichen Beziehungen — in Wirklichkeit, nicht nur in Theorie — durch Seine Gemeinde befriedigen.

Seine Absicht war von Anfang an, daß wir in unserer geistlichen Familie eine andere Lebensqualität als in der Welt erfahren. „*Den Einsamen schafft Er eine Familie*" (Psalm 68,7 GN).

Die Leute suchen heute nicht einfach den Gottesdienst und unterhaltsame Predigten, sondern eine Art Leben, wo sich die Menschen konkret um einander kümmern. Die Gemeinde der Zukunft ist eine sorgende, hingebungsbereite Gemeinschaft.

Deshalb müssen die Bauleute darauf achten, wie sie bauen (1. Korinther 3,10). Eine Zuhörerschaft anzuziehen und eine Gemeinde zu bauen, sind zwei verschiedene Dinge (Epheser 2,22). Jemand sagte einmal: „Gott kommt es nicht so sehr darauf an, wie schnell, sondern wie stabil wir bauen!"

Arthur Wallis, der bekannte Prediger aus England, bemerkt: „Gemeinschaft ist nicht ein weiterer Punkt, der durch die charismatische Bewegung wiederentdeckt wurde. Sie ist das eigentliche Wesen der Gemeinde und der Lebensstil im Reiche Gottes."

In einer Gemeinde, die von Gott erweckt wurde, finden wir Anteilnahme, Fürsorge, gegenseitiges Tragen. Es ist eine Art Großfamilie mit festem Zusammenhalt. Man steht einander bei und fühlt sich für den anderen verantwortlich.

Ich finde dies am besten verkörpert in einem Lebensstil, wo der Leiter in erster Linie als Freund und erst in zweiter Linie als Mitarbeiter fungiert. Unter den Gläubigen entstehen spontane Beziehungen. Alleinstehende helfen einander über die schwierigen Jahre.

Man sorgt füreinander, so daß sich niemand mit seinen Problemen alleingelassen sieht, seien es nun Probleme im finanziellen Bereich, in der Ehe, der Kindererziehung usw.

Man hilft einander, beim Umzug einer Familie, bei Reparaturarbeiten, beim Laubrechen, bringt einem Bettlägerigen das Essen und was man da noch alles an Hilfestellungen und Handreichungen erwähnen könnte. Hier erlebt man nicht nur Worte, sondern Taten.

Kommt dir das alles irgendwie bekannt vor? Wie etwas, über das du in der Bibel gelesen hast? Du findest es in der Apostelgeschichte! Die ersten Christen beeindruckten mit diesem Lebensstil der engen Gemeinschaft die Welt um sie her.

Die Menschen dieser Generation, von denen so viele dem traditionellen Kirchenleben nichts abgewinnen können, werden mächtig angezogen, wenn sie diese Art Christentum in Aktion sehen.

Sie kommt ihrem prophetischen Auftrag nach

„Ich danke euch allen, die ihr heute zum 11-Uhr-Gottesdienst erschienen seid. Besonderer Dank gilt Großmutter Gilligan, die an der Orgel einsprang. Ich hoffe, es hat euch allen gefallen und ihr seid gesegnet worden. Es tut mir leid, daß wir die Zeit um fünf Minuten überschritten haben. Denkt daran, daß die Gebetsstunde bis auf weiteres gestrichen ist. Ich freue mich, euch alle am nächsten Sonntagmorgen wiederzusehen. Ich werde dann mit der sechsmonatigen Serie ‚Eine nette Person sein' beginnen. Ich wünsche euch eine schöne Woche!"

Klingt nicht nach sieghafter Gemeinde, nicht wahr? In früheren Generationen haben sich die Christen vielfach aus der Gesellschaft zurückgezogen, haben sich vermeintliche geistliche Schutzbezirke geschaffen und sich dadurch von der Welt mehr oder weniger abgeschottet. Das konnte bis zu dem Punkt gehen, daß sie überhaupt keinen Einfluß mehr auf die Welt nahmen.

Gottes prophetische Stimme kam somit zum Schweigen. Und wie die Gemeinde ihre Einwirkung auf die Gesellschaft verlor, verlor sie auch ihre geistliche Bedeutung.

Wir haben die Berufung, ein prophetisches Volk zu sein und mit einer prophetischen Stimme zu unserer Gesellschaft zu sprechen. Wie früher, als Gott einzelne Propheten berief, das Wort des Herrn bezüglich Recht und Gerechtigkeit zu verkündigen, so ist Er heute dabei, Seine Gemeinde zu erwecken, damit sie leidenschaftlich und ohne Kompromisse Seinen Ratschluß verkündigt.

Das ist unsere Rolle als Salz der Erde (Matthäus 5,13). Dabei werden wir in Kämpfe mit den Mächten der Finsternis verwickelt, die sich gegen uns stellen (Epheser 6,12). In unserem Verhalten als geistliche Krieger müssen wir mutig und unbeirrt die Dinge in Angriff nehmen, die Gott uns als Seine Strategie zum Sieg offenbart.

Bei einem geschichtlichen Rückblick können wir auch sehen, wie wir als Bürger der Vereinigten Staaten von unserem geistlichen Erbe abgewichen sind, das unsere Kultur und unsere Regierung geformt hat. Millionen sind heute von humanistischem Gedankengut beeinflußt, das in der Entstehung unserer Nation nur Zufall und keine göttliche Fügung mehr sieht.

Daher nehmen auch viele die Haltung ein, daß Glaube und Moral nicht Einfluß auf die Politik nehmen sollten. Damit wenden sie sich offensichtlich von ihrem Erbe und den maßgebenden Prinzipien ihrer Vorväter ab.

Christopher Columbus hatte sich, als er die Neue Welt entdeckte, nicht auf die Reise gemacht, um Ruhm zu ererben oder Schätze zu suchen, sondern aufgrund einer prophetischen Offenbarung, die sich aus Gebet und Schriftbetrachtung ergab. In seinem Tagebuch hat er sein Motiv festgehalten:

„Es war der Herr, der mir das in den Sinn gab. Ich konnte Seine Hand auf mir fühlen. Ich habe keine Zweifel, daß die Inspiration vom Heiligen Geist kam, denn Er erfreute mich durch die Lichtstrahlen der Heiligen Schrift. Keiner sollte Angst haben, einen Auftrag im Namen des Heilands auszuführen, der gerecht und rein ist und in Seinem heiligen Dienst geschieht. Das Evangelium muß immer noch vielen Ländern in kurzer Zeit gepredigt werden. Daraus habe ich meine Überzeugung gewonnen!"

Der Mayflower-Kontrakt erklärt, warum die Pilgerväter nach Amerika kamen: „Das haben wir unternommen zur Ehre Gottes und zur Förderung des christlichen Glaubens . . ."

Der erste Gouverneur der Kolonie Plymouth, William Bradford, bestätigt die Berufung der Pilgerväter, daß sie „zur Bekanntmachung und Förderung des Evangeliums vom Reiche Christi in diesen entlegenen Teil der Welt kamen."

Die ersten Schulen in Amerika wurden in Kirchen eingerichtet. Das erste Textbuch war die Bibel. Die ersten Lehrer waren Pastoren. Drei der ältesten und geachtetsten Universitäten Amerikas — Harvard, Yale und Princeton — wurden gegründet, um Reichsgottesarbeiter auszubilden.

Bei Harvard ist in den „Rules und Precepts" vom Jahre 1642 festgehalten: „Hiermit soll jeder Student davon in Kenntnis gesetzt und ihm zum Bedenken nahegelegt werden, daß der Hauptzweck seines Lebens und seines Studiums darin besteht, Gott und Jesus Christus, der das ewige Leben ist (Johannes 17,5), zu erkennen, und er soll innewerden, daß Christus die Grundlage allen Wissens und Lernens ist."

Im Rundbau des Capitols in Washington ist ein Gemälde der

Pilgerväter. Man sieht Kapitän Brewster mit der offenen Bibel auf seinem Schoß. Klar lesbar sind die Worte: „Das Neue Testament nach unserem Herrn und Heiland Jesus Christus." Auf den Segeln des Schiffes im Hintergrund steht das Motto: „Auf Gott setzen wir unser Vertrauen!"

Im Obersten Gericht, über dem Stuhl des Oberrichters, stehen die Zehn Gebote, und darüber der große amerikanische Adler, der sie beschützt. Wie weit sind wir doch von unseren geistliche Wurzeln abgewichen!

Damit keine Mißverständnisse aufkommen: Wir verwechseln nicht Amerika mit dem Reich Gottes, noch sind wir so naiv, daß wir meinen, alle unsere Vorväter seien Christen gewesen. Wir stellen uns auch nicht vor, daß Jesus zur Rechten des Vaters sitzt, eine amerikanische Flagge schwingt und die amerikanische Nationalhymne summt. Aber wir wissen, daß die Pilgerväter eine prophetische Vision hatten, daß unsere Nation ein reiches geistliches Erbe besitzt und daß wir als Christen eine legitime und wichtige Stimme bei der Gestaltung der Zukunft unserer Gesellschaft haben.

Die Gemeinde der Zukunft wird ihre prophetische Rolle erkennen. Sie wird klar sagen, was dem Wohle des Volkes dient und wird auf Wahrheit und Gerechtigkeit auf jedem Gebiet des öffentlichen Lebens dringen, nicht nur während der Wahljahre, sondern allezeit.

Wir müssen reden und handeln in bezug auf die Vernachlässigung der Armen, der Euthanasie, des Humanismus in den Schulen, der Pornographie, der Homosexualität, der Abtreibung, der Gesetzgebungen, die der Familie schaden usw. Wie der Bibellehrer Bill Gothard sagt: „Die Kanzel, nicht die Medien, muß die mächtigste Stimme in unserem Land haben!"

Die Herausforderung

Ich glaube, wir hatten, kirchengeschichtlich gesehen, noch nie eine Zeit wie diese. Nach Jahrhunderten der Unwissenheit, der Dunkelheit, des Daniederliegens wirkt der Heilige Geist mächtig, um in der Endzeit eine Gemeinde zu schaffen, die radikal biblisch ausgerichtet, gemeinschaftsorientiert und sich ihres prophetischen Auftrags bewußt ist.

Die Braut wird für das Kommen des Bräutigams vorbereitet. Sie wird dann „herrlich, ohne Flecken und Runzeln und dergleichen“ und „heilig und untadelig“ sein (Epheser 5,27).

Das Wort, das Daniel bekommen hat, könnte für unsere Zeit gelten: *„Und einige von den Verständigen werden fallen, damit viele bewährt, rein und lauter werden für die Zeit des Endes; denn es geht ja um eine befristete Zeit“* (Daniel 11,35).

Reinigung und Läuterung sind kein angenehmer Prozeß. Er fällt uns nicht leicht. Und doch: Auch dies ist ein Teil der göttlichen Bestimmung der Endzeit.

Bist du bereit, dem Kompromißgeist zu widerstehen und gemeinsam mit anderen mutig für Gott einzustehen und das Wort Gottes auszuleben? Der Ruf Gottes wird jeden Tag klarer, und die Gehorsamen hören ihn.

Die, die Ohren haben zu hören, werden auf diesen Ruf Gottes eingehen. Sie sind durch ihre Bekehrung in eine neue Dimension hineingekommen, wo göttliche Führungen, Fügungen und Gelegenheiten Teil ihres Lebens sind.

Sie haben die Fesseln der Angst und des Unglaubens abgeworfen, kommen ihrer Bestimmung nach und geben jeden Tag das Beste für Gott. Sie halten ihr Glaubensleben in Gang durch eine innige Gemeinschaft mit dem Herrn im Gebet.

Wenn wir auf Gott eingehen und unsere Bestimmung in unserer Generation ausfüllen, werden wir evangelistisch tätig sein und bereit sein für Gottes Gelegenheiten. Wir werden das Erwachen des schlafenden Riesen — der Gemeinde Jesu — miterleben! Es gilt: Alle Welt soll Sein Wort hören! Bis Er kommt! (siehe 1. Thessalonicher 4,16).

Ich stelle mir vor, daß auch unser Herr Jesus voller Spannung auf den Moment wartet, wo Er die Himmel zerreißt, um mit Seiner Braut, der Gemeinde, zusammenzutreffen. Sie wird schön sein! Strahlend! Ohne Flecken und Runzeln! Ein herrlicher Anblick!

Freue dich! Auch diese göttliche Bestimmung erwartet dich!

UMGANG MIT UNSEREN GEFÜHLEN Ralph Speas

Sind Gefühle unsere Freunde oder Feinde? Jeder möchte wahrscheinlich immer gut gelaunt sein. Da unsere Launen und Stimmungen weitgehend von unseren Gefühlen abhängen, ist die Frage nach dem Umgang mit ihnen sehr wichtig, zumal auch unsere Entscheidungen oft mehr von Gefühlen als von vernünftigen Überlegungen bestimmt werden. Das Buch zeigt, wie wir uns nicht von negativen Gefühlen bestimmen lassen müssen, sondern wie statt Depressionen und Unruhe vielmehr Liebe, Freude und Friede unsere Seele erfüllen können. Ein sehr wichtiges Buch.

Best.-Nr. 20 094 128 Seiten (Paperback) **DM 10,80**

ERGRIFFEN VON BARMHERZIGKEIT Douglas Wead

Das Leben in den Straßen Kalkuttas ist das tiefste Stück der Hölle auf Erden. Prostituierte, Waisenkinder, Bettler, Aussätzige, hilflose und verkrüppelte Kinder, Drogensüchtige — sie alle sind ein Stück von diesem elenden, schmutzigen, schrecklichen und erbarmungslosen Leben. Doch inmitten dieser Hölle lebt auch ein Engel der Barmherzigkeit. Es ist der christliche Missionar Mark Buntain, der sich dieser Elenden annimmt und ihnen hilft nach Leib, Seele und Geist. Dieses Buch schildert Einzelschicksale solcher elenden Menschen in Kalkutta, und zwar in so fesselnder Weise, daß man dieses Buch kaum mehr aus der Hand legen mag, bis man die letzte Seite gelesen hat. Außerdem zeigt es etwas davon, was heute Missionsarbeit bedeutet. Spannend von der ersten bis zur letzten Seite sollte es jeder lesen, Alte und Junge.

Best.-Nr. 20 075 168 Seiten (Paperback) **DM 10,80**

ENTSCHEIDUNG AUF DEM KARMEL William H. Stephens

Das ist die Geschichte Elias, des großen Propheten Israels, der als einzelner den Mut hatte, sich von Gott gebrauchen zu lassen, um gegen die bestimmende geistige Strömung seiner Zeit und gegen das israelitische Königshaus aufzustehen. Dabei kommt es zur gewaltigen Auseinandersetzung zwischen dem Gott Israels, dem Gott Abrahams, Isaaks und Jakobs, der durch Elia vertreten wird, und der heidnischen Baalsreligion, die von der phönizischen Königstochter Isebel, die Israels Königin ist, in Israel eingeführt wird. Diese Auseinandersetzung findet in dem dramatischen Gottesurteil auf dem Karmel seinen Höhepunkt. Ein ungeheuer packend erzähltes Buch. Sie sollten es unbedingt lesen. Auch als Geschenk gut geeignet.

Best.-Nr. 20 029 312 Seiten (Paperback) **DM 19,80**

SOLLTE GOTT KEINE WUNDER TUN? Träff/Petman

Immer wieder hören wir in der heutigen Zeit unter aufrichtigen Christen die Frage, ob Gott doch noch einmal eine gewaltige Erweckung schenken wird. Dieses Buch hier ist die Geschichte einer großen Erweckung in unserer Zeit, die ein ganzes Volk bewegte. Es ist die dramatische Lebensgeschichte des finnischen Evangelisten Niilo Yli-Vainio. Durch ihn brach in Finnland in den sechziger Jahren unseres Jahrhunderts eine gewaltige Erweckung aus, die noch andauert. Tausende fanden zu Christus, Wunder geschahen, Kranke wurden geheilt — und das alles heute!

Best.-Nr. 20 090 142 Seiten (Paperback) **DM 10,80**

Preisänderungen vorbehalten — Zu beziehen durch:

Leuchter-Verlag eG, Industriestraße 6—8, D-6106 Erzhausen, Postfach 1161
In Österreich: Buchhandlung der Methodistenkirche, A-1082 Wien, Trautsongasse 8, Postfach 65